常 明◎著

先秦诸子述林

中国致公出版社
China Zhigong Press

图书在版编目（CIP）数据

先秦诸子述林 / 常明著 . —— 北京：中国致公出版
社，2019
ISBN 978-7-5145-1168-0

Ⅰ.①先… Ⅱ.①常… Ⅲ.①先秦哲学 – 文集
Ⅳ.① B220.5-53

中国版本图书馆 CIP 数据核字（2018）第 265495 号

先秦诸子述林

常　明　著

责任编辑：尤　敏　梁玉刚
责任印制：岳　珍

出版发行：　中国致公出版社
　　　　　　China Zhigong Press

地　　址：北京市海淀区翠微路 2 号院科贸楼
邮　　编：100036
电　　话：010-85869872（发行部）
经　　销：全国新华书店
印　　刷：北京市金星印务有限公司
开　　本：710 毫米 ×1000 毫米　　　1/16
印　　张：14
字　　数：190 千字
版　　次：2019 年 2 月第 1 版　　　2019 年 2 月第 1 次印刷

定　　价：52.00 元

序一

杨凤琴

　　常明的专著《先秦诸子述林》即将出版了，作为常明大学时代的老师，我对此深感欣慰，也由衷地为这位大学毕业不久的"90后"年轻人感到高兴。常明在大学里就有着饱满的学术热情，这与很多当代大学生有所不同。大学生中喜欢文学的不在少数，但对学术研究有所关注的并不多见，而常明则两者兼顾，既喜欢写一些诗歌、散文、小说之类的文学作品，又痴迷于学术研究，尤其对古代文学具有浓厚的研究兴趣。

　　最初对常明产生深刻印象是在他上大一时，他选修了我的一门公选课，上课时讲到唐代才女薛涛小时候曾经与父亲联句作《咏梧桐》诗，父亲开篇两句"庭除一古桐，耸干入云中"。薛涛应声而对："枝迎南北鸟，叶送往来风。"当时我启发同学："如果让你接着薛涛父亲的诗句来写，你会怎么写？"一位坐在前排的同学马上回答："叶落瑶池上，泪满沧海琼。"我惊诧于这位同学的才思敏捷，便记住了他的名字：常明——一名来自辽宁朝阳的高大壮实的男生。

　　大二专业分流，常明选择了中文系汉语言文学专业，我有幸成为他的班主任。在之后三年的相处中我对常明有了进一步的了解，这是一个有独立思想并能刻苦读书、勤于动笔的好学生，他读书学习并不以考高分为目的，而是要通过对某一领域的深入研究形成自己的学术观点。他从大一就立志考中国古代文学专业的研究生，我非常支持他的想法，因为我认为他在对文学作品的感悟力上具有一定的天分，而且也有自己的见解，这些素质再加上他能坐住冷板凳的勤奋努力，应该很适合走做学问这条路。只可惜他毕业之际考研没有成功，我得知消息后曾反复在心里感慨着：难道这世界上真的没有完美的事情吗？对学术有着非凡热情并具有难得天分的年轻人却不能通过读研进一步深造，这不能不说是一个巨大的遗憾。然而这本专著说明常明并没有放弃对学术研究的努力，他有大学阶段的扎实积累，加之在辛苦工作之余对学问孜孜不倦的探究，终于在毕业后两年之内完成了这部专著，这也是对作者没有如愿以偿考取研究生的一个补偿吧！

《先秦诸子述林》这部著作表现出了作者对先秦诸子思想的理解和探究，全书分为内篇、外篇、杂篇，共六部分，包括十九篇论文、一篇楚简译注和附录的列表，对儒家、名家、墨家、道家及杂家都有从某一角度展开的思考。作者在学术思想上具有开拓精神，在研究态度上又是踏实严谨的，能够全面搜集材料，对自己的学术观点进行充分论证。

内篇从先秦思想史方面展开宏观论述，共由三篇篇幅较长的论文组成，《孔门弟子的分裂与儒家八派的形成和演进》相对于之前研究儒家八派的文章更重视的是儒家分裂与八派形成的过程。全文分成四部分：第一部分认为此次学术分裂是儒家内部教义内斗的结果，并以此研究儒家发展的历史。第二部分考证八派的由来，从音韵的角度提出漆雕子即《孟子》一书中的告子。第三部分研究儒家八派与后世学派的关系，这一点在之前只有郭沫若《十批判书》研究过庄子与颜回的关系、子夏与前期法家的关系，以及经常被提及的荀子和韩非的关系，但在本文中却研究了墨家与曾子的关系，儒家学派与稷下黄老的关系，并称曾氏之儒的形成是儒家学派的自我演进，为儒家的演进过程研究提供了一个新的角度。第四部分认为《论语》并非一次写成，而是分成早、后、晚三期。《名家学派发生浅论》探索名学的思维体系，提出了名家学派并非由某一学派发展出来的一个独立学派，而是各学派中负责论辩的一些门徒的总称，这一所谓学派的出现其实是具有实用性的一种工作。《墨家学派消亡浅论》更重视从学派自身的角度而非政治的角度对墨家学派的消亡进行阐发，认为墨家学者因为不具有经典传承和阐发而导致了其学派的灭亡。

外篇"经子新义"分为两部分，共有七篇小论文和一篇楚简译注。《楚简新说》是作者阅读李零先生关于楚简的两部著作而做出的笔记，但这笔记并非对李零观点的摘录或阐发，而是作者对原文阅读的思考。例如从儒家学派分裂的角度，认为《缁衣》一篇分别记录于《子思子》和《公孙尼子》是因为二者分属于不同学派，对同一文章有不同解释。《道德经别解》体现了作者对《道德经》独特的思考，论述过程中运用了比较文学的方法，将中国名学思想与古希腊逻辑学的思想进行比较研究。

杂篇《经子探微》共有十一篇文章，是作者对各个学派研究的思想随笔，其中有一些新颖的观点，如将阴阳学派的渗透分为儒、道、兵三家，并将《三十六计》作为兵阴阳学派的代表著作等。

总之，这部专著体现出了作者对先秦诸子思想的深刻思考，由此也能看出年轻人在传承古代思想文化过程中的勇气与担当。虽然疏漏之处在所难免，但其精神可嘉，其精诚可贵，也相信作者日后在他热爱的文学及学术领域会有更可喜的作为！由于作者年纪尚轻，学术积累和学术思维还有待于进一步加强，因而这部著作在学术思想和论证方法上还存在着局限和不成熟之处，恳请各位专家学者提出批评与指正。

序二

吕昱雯

常明是我本科时的下一届学弟，但实际上我们俩同岁，他的学问做得比我好，所以多年来我一直忝承他叫我一声"大姊"。现在他的学术著作《先秦诸子述林》终于要付梓了，邀我作序。我既为他学术理想的实现而感到由衷的高兴，也为自己被托付如此重任而受宠若惊，受托之后俄延许久，终于小心翼翼地提笔了。

我现在已不太记得当年我是如何获悉了这位才子学弟的存在，但我们确实是因学术结缘。那时我在他的博客里拜读了他的许多原创学术论文，酣畅淋漓，甚是过瘾，让我想起了清代诗人赵翼评价苏轼诗的那句话："天生健笔一枝，爽如哀梨，快如并剪，有必达之隐，无难显之情。"做了一段时间的"网友"后，有一天在文学院的过道里，我看到迎面走来一个魁梧的男生，看其面容，似乎就是博客头像里的那位。于是我试着问了句："是常明吗？"他笑了。就这样我们完成了"网友"的"见光死"，至今回想这个场景，还是会忍不住偷笑。

中文系是盛产才子才女的地方，但这"才"里的成色分量却是各不相同的。有的"才"不见多少天才的本事，天才的乖僻疏狂倒是雨露均沾；有的"才"倒确实下了一番功夫，可惜年纪轻轻的就把自己活成了三家村老学究式的冷笑话；有的"才"就是守着笔尖的几个轻词软语打转，混了顶"文艺青年"的帽子戴在头上标致极了。而常明的"才"是不掺水的真才实学，能坐冷板凳，能啃大部头。他的学术研究集中在中国古代文学方面，尤其对先秦文学着力甚多。这是古代文学里最为艰深的研究方向，在内容上不如魏晋唐宋文学那般丰饶，在材料上也不如元明清文学那样丰富，但常明能在极其有限的经书典籍里，看出先秦诸子质朴纯真的精神活力。可能旁人乍一看会觉得常明是个不合于礼的狂生，但他的任性配得上他的才华，那是用扎实的阅读积累和深入的自主思考垒起的高塔。他对自己的学术实力有充足的信心，但他并没有在学术里"走火入魔"。他对学术之外的世界充满兴趣：自己唱歌朗诵并录下来、追看流行综艺节目、关注时事热点、在朋友圈里化身搞笑段子手、在聊天时熟练地甩出一连串表情包……他的"狂"里就包含着一腔如同先秦诸子般饱满的生命热情。

相识之后，我和常明见面的次数并不算多，但联系却一直很密切。我们经常讨论专业上的问题，而且往往就一个问题由此及彼地牵扯出一大串其他旁支，既有相谈甚欢，也有意见相左，彼此都有获益。常明说我给过他很多在文艺理论方面的学术启发，我听了真是惭愧，大概因为我的性情与思想比较自由散漫、信马由缰，所以总是会想到一些偏离正常轨道的点吧。我倒觉得是我跟常明学到的东西更多，他在考据论证上的严谨和在架构视角上的广大，都对我的自由散漫之风起到了一定的纠正。有时他会把他完成的课程作业放到博客里，我看后常常暗自感叹：以前我修这门课的时候怎么没想得这么深刻呢？真是江山代有才人出啊！在我本科毕业之时，常明特意撰文一篇为我送行，又把他多年来所写的诗作抄录了一卷赠我留念，情意深重至斯，让我感激又感动。本科期间，因为我们同在一系，又因为相同的志趣而做出了诸如申报科研、准备考研等相同的选择，所以一前一后地走过了一段相似的人生之路。常明在毕业之后遭遇的一时窘迫，又与我在同一时间内的某些不愉快经历有惊人的重合。脱离了在学校里关于学术的清谈岁月，我们的交流里增加了彼此勉励、打气加油的内容，展开了对今后未知人生的深深思考。但无论未来遭遇如何，对于文学创作与研究，我们都会各自独立前进，继续相互讨论。奔走红尘，不忘自己是书生。

这部书稿的内篇内容是常明在校期间所负责的科研项目成果，外篇、杂篇里的内容则是他围绕先秦诸子所做的各种微而深的论文。关于这本著作的学术价值，杨凤琴老师已做出了详细的点评，做学生的我自然不必多言。写下这篇小序，我只是想说说我所认识的常明其人，告诉读者们，常明不仅是个学识渊博的人，更是个非常可爱的人。常明跟我说，这本书能出版已经是福气了，不知以后还会不会再有第二次这样的机会了。我用一句日本出版界用语"重版出来"（书籍初版售罄后再版）鼓励他再接再厉，祝愿常明能在他的学术理想道路上越行越远、越战越勇，实现他的"重版出来！"

自序

我在小的时候似乎就非常怕死，非常怕死。我到现在也不知道这当中的道理，只是觉得我从生下来的时候就陷入意外中，自己只是不知道这个意外来临的时间而已。我时常在想，如果这一刻死了，或者在不到30岁的年纪死了，我人生的意义又会如何？

但随着我慢慢地成长，经历过的事情增加，我又觉得我必会是一个不怕死的人，在上学的时候我顶撞老师，在工作的时候顶撞领导，在恋爱的时候顶撞自己的女朋友。不怕低分，不怕失业，不怕分手……这样一个人要被认为是怕死，恐怕是说不过去的。

但我依然在怕，依然在反复地自我确证。我忘了什么时候，发现唯一让我安宁的地方竟然是书斋。"如果有天堂，那将是图书馆的模样"，博尔赫斯如是说。我记得把同样的话分享给一个同学的时候，他嗤之以鼻。但对我而言，的确如此。我没有忘记第一次读柏杨《丑陋的中国人》时的震撼，第一次阅读《红楼梦》时的沉醉，第一次阅读顾颉刚《中国上古史研究讲义》时的拍案，第一次读郭沫若《十批判书》时的感叹："老子将来也要写这么一部书！"

《十批判书》最初的名字叫《先秦学说述林》，我觉得这名字读起来总是有些诡异，于是改为《先秦诸子述林》，作为这本书的书名。那时候，我读诸子入迷，做了一些跟诸子有关的课题，自己废掉一个，因为精力没完成的一个，剩下的两个，就是《孔门弟子的分裂与儒家八派的形成》和《名家学派发生浅论》两篇，它们从那个时候起就已经注定了是我的一部书的第一、二两篇。

其实我是一直在坚持着什么，无论我面对的是谁，面对的是什么环境。而这一点点坚持，就是我所深藏、所珍藏的禁区。无论是朋友、同学、女朋友、同事，只要犯了这个禁区，我都会敬而远之。最开始的时候，我始终会为这个禁区而辩护，以卫道者的立场捍卫它的尊严。后来，当有人以不恭敬的态度谈到它时，我会有意回避问题，回避几次躲掉就是了。如果遇到情商低的人，那就直言我的不快。这个禁区，概括成两个字就是——"学术"。

所谓"学术"，亦可概括成另外两个字，就是"认真"，也就是胡适所谓"大胆的假设，小心的求证"。我看不过一般学术界的论文，因为他们的假设不够大胆，只是把前人的文章言所未尽的话，多加延伸一些，有些做比较文学的人物，不过是将外国学者的话放在一起，再用中国的文学加以证明，根本没有深入到文化层面和民族层面。我也看不起那些以"草根学者""独立学者"自命的人，因为他们的求证不够小心。

当下的学者里，好的前辈、老师当然比比皆是，随手枚举：古文献的李零、李学勤、陈来，哲学的葛兆光、李秋零、邓晓芒，中文的聂石樵、骆玉明、过常宝，历史的周振鹤、葛剑雄等前辈。所谓学界无大师，无好学者，不过是一些不学无术者的猖狂鬼话。但这些前辈在学界之外，知名度远低于其成就总是不争的事实。前辈们固然安贫乐道，然而"深源不起，当如苍生何"？

所以，最让我满意的当属法学界的贺卫方——做论文就做一流的论文，严谨、专业，即使是法学院的高才生读起来都要费尽神思；做演讲就做一流的演讲，博学、风趣。鲁迅说"存学者的良心，有市侩的手段，但这类人才，怕教员中间是未必会有的"，但于今贺卫方终于算得上一个。

　　而今，我也不幸做了教员，不幸没有什么成绩，不幸也没有什么情怀，勉强求一颗对得起学生的可以算成是我的良心。而在做学术的方面，我不过对得住自己，"良心"之说，已然是无谓了，至于市侩的手段，自然也当努力着。

常明

2017 年 6 月 25 日

目 录

内篇　先秦思想史补阙

外篇 经子新义

杂篇 经子探微

附录 先秦诸子列表

内篇　先秦思想史补阙

壹 孔门弟子的分裂与儒家八派的形成和演进

一、绪论：从《论语》的作者谈起

关于《论语》一书，按照一般的认识，是由孔子弟子及再传弟子编撰而成的。顾颉刚先生认为《论语》分成两段，"前十篇是他的再传弟子所写。后十篇是更后的人所写，大约是战国中期所写"，"因为前十篇里称孔子为'夫子'，这'夫子'的意思就是老师；后来'夫子'又用来指'那一位先生'，'夫子'变为与'子'相同的尊称，这时已到了战国中期，所以后十篇出现了'夫子'这一称呼的新用法，就可以知道它的写作时间了。"① 然而这种论述显然是基于一个预设的前提，即《论语》的"子曰"之"子"必然是指孔子，语句也当是孔子弟子追记。至于"子夏曰""子张曰"等等，那无疑作者当是他们的门徒。

但事实上，在《论语》中，称"子"的并非只有孔子一人。至少还有曾子（《论语·泰伯》第7章，以下凡引《论语》处，皆只标明篇名及章节数目。章节划分依钱穆《论语新解》，下同）、有子（《学而》2）、闵子（《先进》12）等。《先进》篇第四章载"子曰"一句："子曰：孝哉闵子骞！人不间于其父母昆弟之言。"对此，钱穆先生表示了他的疑

---

① 顾颉刚：《中国史学入门》，中国青年出版社，1993年12月第1版，第28页。

惑：《论语》记孔子言及其门弟子，例呼名。此篇记闵子言行共四章，三章皆称字，一章直曰闵子，不知何故。或说此篇乃闵子门人所记，亦无据。"①众所周知，《论语》中倘若是孔子的言论，称及弟子时一定称名而非字。如："子曰：'贤哉回也！一箪食，一瓢饮，在陋巷。人不堪其忧，回也不改其乐。贤哉回也！'"（《雍也》9）对待自己最得意的弟子颜回尚且称名，倘若孔子称赞闵子，也必然言"孝哉损也"，而绝非"孝哉闵子骞"。其实这并不仅仅是钱穆先生个人的疑惑，此语早就有人提出质疑，并做出了结论："圣人无字门人者，'孝哉'一句，即是人言！"②不过，若径言此若干之处的作者为闵子弟子，亦未免唐突，但《论语》中的"子曰"并不都是指代孔子自然是无疑的，而我们也不能径说"子曰"诸节就是孔子弟子的记录。

　　径言"曾子""有子""闵子"的诸章就恐怕也不能断言为该人弟子的记录，至少"有子"一章不能做这样简单的处理。《论语》一书，对有子的态度极暧昧。《学而》篇第二章，称为"有子"③，《颜渊》篇却径直称为"有若"④。《论语》之中，除转述孔子原话（"柴也愚，参也鲁，师也辟，由也喭"，见《先进》18）以外，一般称字而已，即便面见君主，亦在字前冠姓，如"哀公问社于宰我"（《八佾》21），不称其名。一旦称名，便是基于孔子的立场对该门徒表示最严厉的批评。《公冶长》篇第九章称"宰予"，此一节是孔子不多见的严肃批评甚至谩骂学生的记录。孔子骂宰予说："朽木不可雕也，粪土之墙不可杇也。"并表示了

---

① 钱穆：《论语新解》，见《钱宾四先生全集》第三册，联经出版事业股份有限公司，1998 年 5 月第 1 版，第 385 页。

② 蒲松龄：《聊斋志异·仙人岛》。

③ 有子曰："其为人也孝弟，而好犯上者，鲜矣。不好犯上，而好作乱者，未之有也。君子务本，本立而道生。孝弟也者，其为仁之本与？"

④ 哀公问于有若曰："年饥，用不足，如之何？"有若对曰："盍彻乎？"曰："二，吾犹不足，如之何其彻也？"对曰："百姓足，君孰与不足？百姓不足，君孰与足？"

对宰我的绝望："始吾于人也，听其言而信其行。今吾于人也，听其言而观其行。于予与改是。"《雍也》篇第十章称冉有作冉求："冉求曰：'非不说子之道，力不足也。'"应在冉求帮助季氏攻打颛臾，并聚财超过周公以后的事情，所以冉有才会说"力不足也"的话。而在此前，孔子则已说出了冉求"非吾徒也，小子鸣鼓而攻之可也"（《先进》17）的话，孔门弟子在这里对冉有也会保留批判的态度，称其名而非字。

所以我们可以知道，在孔门之中，称名是一种很严厉的批评批判的方法。然而现存的《论语》本文，以及司马迁《史记·仲尼弟子列传》和王肃的《孔子家语》中，并没有看到一丝关于有若犯下严重错误的记载。但《仲尼弟子列传》中记载了这样一件事，或者可为我们提供一些线索：

> 孔子既没，弟子思慕，有若状似孔子，弟子相与共立为师，师之如夫子时也。
>
> 他日，弟子进问曰："昔夫子当行，使弟子持雨具，已而果雨。弟子问曰：'夫子何以知之？'夫子曰：'诗不云乎？"月离于毕，俾滂沱矣。"昨暮月不宿毕乎？'他日，月宿毕，竟不雨。商瞿年长无子，其母为取室。孔子使之齐，瞿母请之。孔子曰：'无忧，瞿年四十后当有五丈夫子。'已而果然。问夫子何以知此？"
>
> 有若默然无以应。弟子起曰："有子避之，此非子之座也！"[①]

这是一段让人费解的记录。说其费解，是由于有子被立为孔子继承人及其此后被驱逐的原因都十分离奇。传承孔子衣钵这样的大事，竟然不以学问众寡、道德高低为标准，单单凭借"状似孔子"，在道理上实

---

① 司马迁：《史记·卷六十七·仲尼弟子列传》。

在是很说不过去。因为我们知道，除了有若与孔子相貌相似之外，还有"孔子状类阳虎"（见《史记·孔子世家》）。假使有若不幸夭折，按此标准，则儒家弟子应会找阳虎来做他们的导师，如此则未免荒谬。至于说孔子预测天象或者可能，但不过是依照《诗经》推算，背离《诗经》的内容，也未必就能解释清楚，独以此批评有子未免吹毛求疵。

而所谓预测商瞿得五丈之子，按《史记正义》之言，是"卦遇大畜，艮之二世"之象，换而言之，是孔子为商瞿算卦所得。但在事实上，据《易纬·乾坤凿度卷下·孔子附》云："仲尼，鲁人。生不知《易》本，偶筮其命，得旅，请益于商瞿氏，曰：'子有圣智而无位。'孔子泣而曰：'天也？命也？凤鸟不来，河无图至，呜呼，天命之也。'叹讫之后，息志停读。礼止。"则可以证明商瞿在孔子之前就已通晓《易经》，并不会等孔子来解释，反倒是孔子会向自己的学生商瞿请教卦象卦理的问题。所以说商瞿之事未必可信，很有可能是弟子们的杜撰。而之所以弟子们要用孔子未必解释清楚的问题来刁难有子，又编造出故事使有子羞愧地离开，究其原因乃是与战国初年孔门儒学的一次大分裂有关。

二、后孔子时代：孔门儒学的分裂

关于这次分裂的最早提出者是法家的韩非子。《韩非子·显学》开篇即言："世之显学，儒、墨也。儒之所至，孔丘也。墨之所至，墨翟也。自孔子之死也，有子张之儒，有子思之儒，有颜氏之儒，有孟氏之儒，有漆雕氏之儒，有仲良氏之儒，有孙氏之儒，有乐正氏之儒。"韩非子认为，自孔子死后，儒家分裂成了八个派别。所以郭沫若先生在《十批判书》中，专列《儒家八派的批判》一章，以八派的儒家来代表仲尼三千弟子及儒门的后学。然而《荀子·非十二子》中则将儒者后学分为子弓（即仲弓）一派，子思、孟轲一派，子张一派，子夏一派，子游一派。其实孔门弟子派系还远不止此，如《孟子·离娄下》就提到曾子"从先生者七十人"，《史记·仲尼弟子列传》记载澹台灭明"南游至江，从弟子三百人，设取予去就，名施乎诸侯"。可见至少还有曾氏之儒和子羽氏之儒两派。

将《韩非子·显学》和《荀子·非十二子》两者相互参照比较，可得出结论：（一）孔子死后，孔门弟子分裂成了诸多派系；（二）这些派系之中，有的走向了衰亡（如子弓、子夏、子游），有的走向了进一步的分裂（如子思孟子一派）；（三）因而，在孔子死后，孔门弟子分裂后的派系是经历了一番洗涤与淘汰的，最后得胜者，就是韩非子所说的"儒分为八"（《韩非子·显学》）。

现在有两个问题亟待我们解决：其一，孔门弟子的分裂原因；其二，孔门分裂后的淘汰顺序与演进流程。

关于第一个问题，在张立文先生主编的《中国学术通史》中有所解释。《通史》作者认为，首先，孔子作为教育家，教育弟子是因材施教。对同一问题的解释，孔子的回答各有所异，甚至，孔子对同一弟子所问的同样的问题回答也不尽相同，如樊迟问仁，就很有代表性。其次，孔子受业弟子的背景、才性与志向殊异。如孟懿子和原宪贵贱有别，子贡、颜回贫富有异，身份不同立场不同，难免会有矛盾。此外，孔子本人对学生也有偏爱，故弟子之间争正统也为必然。①

其实，在笔者看来，在春秋乱世，社稷倾颓。面对这一乱象，士人各抒己见，争执不休，遂有先秦诸子百家争鸣的局面。有时同出一门者同一信仰，思想观念也不相同，甚至针锋相对，亦不为怪。例如孟荀两

---

① 张立文主编：《中国学术通史·先秦卷》（陆玉林著，人民出版社，2004年12月第一版，第106页）。

家都坚信孔子的"性相近"学说,孟子主张人性本善①,荀子主张人性本恶,荀子批判孟子(当然还有其他学术上的缘故),甚至称孟子为儒家的罪人。②因此孔门弟子在学术观念上的矛盾与冲突导致的对立,也是可以理解的。每位弟子观念不一,而又都希望获得代表正统儒学的权力。正所谓"取舍相反不同,而皆自谓真孔"③是也。正因如此,才会在孔子去世以后,孔门弟子间展开了一场规模宏大、时间长久的思想交锋,其精彩激烈程度丝毫不亚于宏观上的先秦诸子间的争鸣。

这场交锋可视为儒学观念的一次淘汰赛。在这次交锋中,首先出局的是子贡。子贡,名端木赐,卫人,在《论语》中出现二十八次,仅次于子路(四十一次),性格机敏,善于做人。子贡在学术上是孔子的"合法继承人"。在自己得意弟子颜回(颜渊)、仲由(子路)相继去世以后,孔子最喜欢的弟子与最信赖的对象就是子贡。

> 子病,子贡请见。孔子方负杖逍遥于门,曰:"赐,汝来何其晚也?"孔子因叹,歌曰:"太山坏乎!梁柱摧乎!哲人萎乎!"因以涕下。谓子贡曰:"天下无道久矣,莫能宗予。夏人殡于东阶,周人于西阶,殷人两柱间。昨暮予梦坐奠两柱之间,予始殷人也。"后七日卒。④

孔子见到子贡,先是责备其到来之晚,是思念子贡的证明。其次对子贡而歌,是师生间的无所拘束,也是最后的思想传达。最后留下了自己的学术遗嘱:"天下无道久矣,莫能宗予",言外之意,就是要使子贡

---

① 关于孟子的人性善,历来有"本善说"和"向善说"两种,笔者以前者为是,因其与本文中心论证无关,兹从略。

② 《荀子·非十二子》。

③ 《韩非子·显学》。

④ 司马迁:《史记·孔子世家》。

以自己为宗，传承自己的观念与衣钵。而在事实上，在孔子死后，子贡立即与有子、宰我等人掀起了一场"造圣运动"[①]，创造出一些故事——例如《韩诗外传》中所载孔子向师襄子学琴的故事——使孔子神化、圣化。

　　子贡的正统性不容置疑，且在孔子去世后为孔门的神圣运动做出了卓越的贡献，然而子贡却是这场辩论的第一个出局者。因为在孔门十哲中，除被逐出师门的冉有，以及早死的冉伯牛、季路（子路）之外，唯一没收弟子的就是子贡。（闵子骞虽无派系流传，却有人称之为"闵子"，可见亦是收了弟子的。）而且子贡退出的方式十分特别：其他弟子皆为孔子守丧三年（二十七个月），唯独子贡在墓前结庐，"凡六年（五十四个月），然后去"[②]。从子贡的结庐行为和一向的思想观念，笔者认为，子贡的出局很有可能是不愿参加这场交锋而选择的主动退出。

　　在子贡选择主动退出以后，孔门弟子亟须找到一人代替子贡作为共主以传承孔子的衣钵。此人必须在各派系中保持中立，且不能有任何独立的思想见解。在各派系的调和之中，众人选择了有若。并且理由十分荒唐——"有若状似孔子"——荒唐之处，前文已然指明，此处我们说明其中的缘故。有若是被孔门弟子推举称"子"的第二人，同时也是孔门弟子中受到出局威胁的第二人。因为孔门弟子的争锋逐渐进入了白热化，脱离了有子的控制。因而，一个不作为的傀儡对于一个求实求真的学派来说，不再具有任何意义。

　　孔门弟子争锋白热化的表现是子游、子张与子夏之间的斗争。《论语·子张》篇是整部《论语》中最为特殊的一篇。在本篇中，通篇没有

---

　　① 《孟子·公孙丑上》："宰我曰：'以予观于夫子，贤于尧舜远矣。'子贡曰：'见其礼而知其政，闻其乐而知其德；由百世之后，等百世之王，莫之能违也。自生民以来，未有夫子也。'有若曰：'岂惟民哉！麒麟之于走兽，凤凰之于飞鸟，太山之于丘垤，河海之于行潦，类也。圣人之于民，亦类也。出于其类，拔乎其萃。自生民以来，未有盛于孔子也。'"

　　② 司马迁：《史记·仲尼弟子列传》。

孔子的言论，取而代之的是孔门弟子的言行。在本篇中，共记载了孔门五位弟子的言行：子张、子夏、子游、曾子、子贡。细读本章我们发现，曾子基本上是自说自话，子贡是继续在造圣运动中向别人为孔子辩护（这也是他逃避问题的一种方式）。而子夏，却同子张、子游展示出了观念上的不同。子夏，姓卜名商，字子夏，卫人。子张，名颛孙师，陈人。子游，名言偃，吴人。其中子游与子张交好，子游曾称赞子张说："吾友张也，为难能也。然而未仁。"（《子张》15）有人因"然而未仁"一句认为是子游批评子张，其实孔子曾说"若圣与仁则吾岂敢"（《述而》33），可见"仁"乃是儒家的最高境界，"然而未仁"一句乃是对子张不能超过孔子达到仁的境界的一种遗憾（至于为何子游将子张与孔子相比，详见下文），且子张与子游二人在思想观念上都针对子夏。

　　子夏之门人问交于子张。子张曰："子夏云何？"对曰："子夏曰：'可者与之，其不可者拒之。'"子张曰："异乎吾所闻：君子尊贤而容众，嘉善而矜不能。我之大贤与，于人何所不容？我之不贤与，人将拒我，如之何其拒人也？"（《子张》3）

　　子游曰："子夏之门人小子，当洒扫应对进退，则可矣。抑末也。本之则无，如之何？"子夏闻之，曰："噫！言游过矣！君子之道，孰先传焉？孰后倦焉？譬诸草木，区以别矣。君子之道，焉可诬也。有始有卒者，其惟圣人乎？"（《子张》12）

　　在第一则资料中，子张曰："异乎吾所闻"，实际上所闻者乃是孔子。"君子尊贤而容众，嘉善而矜不能"也是孔子的原话。用孔子的原话来批判子夏，是子张站在孔子的立场上批判子夏。子张也是自认为最能代表孔子的原意的人物之一。他与子夏的争斗在于君子人格之争。而在第二则材料里，子游严肃批判子夏的教学方式，当然也是站在老师（孔子）的立场。结果被子夏反驳批回。子游与子夏年龄相仿（子夏年长三岁），都是孔子第三期弟子，又同属十哲中的"文学"科。他们之间的争斗主要是关于儒家道术的本末先后之争。

在这两场争斗里，首先出局的是子游。因为从最后的结果来看，子游是后学终止并且没有著作的一位。虽然其学说也是算作"有圣人之一体"[①]的，但就其本身的观点来说，打算把儒家的思想按照道术自浅近至深远的顺序传承下去在理论上固然完美，而事实上是不可能做到的。《礼记·礼运》一篇据说就是子游的作品[②]，倘真是如此，则子游志于大道之心明矣。然而过分执着于大道而不顾社会乱象的现实便会导致学说与社会脱节，所以子游的学派也就不免异化，只是空喊大道而忘记最基本的礼仪，"偷儒惮事，无廉耻而耆饮食，必曰：'君子固不用力'"[③]。子游是儒家各派系中唯一的理想主义者，只可惜这理想无从实现，只有出局的结果。

其次出局的是子夏，我们断定子夏出局在于子游之后，是因为我们知道有所谓子夏传经。《四库全书》中第一部《子夏易传》，据传就是他的作品。四库编纂者虽然对这本书的作者提出质疑，但并没有否认子夏传经的事实。否认子夏传经的是国学大师钱穆先生，他不但否认子夏传经，并且一度否认孔门传《易》，钱穆先生以为："孔门传经系统见于史者惟《易》，而《易》之与孔门，其关系已最疏，其伪最易辩。其他诸经传统之说，犹远出史迁后，略一推寻，伪迹昭然矣。"[④]但是缺乏系统的论证，"其伪最易辩""伪迹昭然矣"云云，实在难以令人信服。不过

---

①　《孟子·公孙丑上》。

②　参见康有为《康南海先生口说·礼运》，中山大学出版社，1985年版，第30页及郭沫若《十批判书·儒家八派的批判》，中国华侨出版社2008年2月第1版，第94页。

③　《荀子·非十二子》。

④　钱穆：《先秦诸子系年考辨·孔门传经辨》（商务印书馆，2001年版，第101页）。

也有人否认子夏出局的，理由是，"孔子卒后，（子夏）教于西河之上，魏文侯师事之，而咨国政焉。"[①] 子夏在魏期间，"如田子方、段干木、吴起、禽滑厘之属，皆受业于子夏之伦，为王者师。"[②]

郭沫若先生认为《汉书·艺文志》儒家有"《李克》七篇"，注云"子夏弟子，为魏文侯相"，说者多以为即是李悝的异名，笔者亦为认同。因为悝、克本一声之转，二人时代相同，地位相同，思想相同[③]，如此说来，李悝又是子夏的弟子。则法家学说中至少有两人出自子夏门下（郭沫若认为商鞅授业于李悝，也是间接授业于子夏，但是其论证乏力，所以此处依然以商鞅未受子夏影响），因此可以说前期法家实是源于子夏，郭沫若认为："子夏氏之儒在战国时代确已别立门户，而不为儒家本宗所重视了。《韩非子·显学篇》言儒分为八……而独无子夏氏之儒，要在这样的认识之下也才可以得到了解。那是因为韩非把子夏氏之儒当成了法家，也就是自己承祧着的祖宗，而根本没有把他们当成儒家看待的。"[④]

但这种论点经不起推敲，姑且不论李悝是否确认是子夏的弟子，即使是其为子夏法家弟子也不能作为排除其为八派的根据。荀子同样教出了两位法家的弟子——李斯与韩非，却俨然列于八派之内，单单子夏便要摒于儒家八派之外，于情于理都说不通。所以，韩非子不提子夏的原因只有一个，即子夏在韩非子的时代之前已经出局。

在子夏出局以后，儒家学派中子张氏一派独大，并且首先对当时的儒门执政者有子发难。据《礼记·檀弓》记载：

---

① 《孔子家语·七十二弟子解》。

② 《史记·儒林列传》。

③ 郭沫若：《十批判书·前期法家的批判》，中国华侨出版社 2008 年 2 月第 1 版，第 231 页。

④ 郭沫若：《十批判书·前期法家的批判》，中国华侨出版社 2008 年 2 月第 1 版，第 249 页。

有子与子游立，见孺子慕者。有子谓子游曰："予壹不知夫丧之踊也，予欲去之久矣，情在于斯，其是也夫。"子游曰："礼有微情者，有以故兴物者，有直情而径行者，戎狄之道也。礼道则不然，人喜则斯陶，陶斯咏，咏斯犹，犹斯舞，舞斯愠，愠斯戚，戚斯叹，叹斯辟，辟斯踊矣，品节斯，斯之谓礼。人死，斯恶之矣。无能也，斯倍之矣。是故制绞、衾，设蒌、翣，为使人勿恶也。始死，脯醢之奠，将行，遣而行之，既葬而食之，未有见其飨之者也。自上世以来，未之有舍也，为使人勿倍也。故子之所刺于礼者，亦非礼之訾也。"①

这段记载十分奇怪，因为上文已讨论过，子游一向不主张小节，而至于大道，丧礼之事尤其不在其思想意识之内。何况子游也曾经说过："丧，致乎哀而止。"（《子张》14）正与有子所提倡的去丧而"情在于斯"很是符合。更何况曾子与有子辩礼的时候，子游曾经坚定不移地支持过有子，称赞他"有子之言似夫子也"②。也许正是由于这个缘故，有子才会选择与子游探讨废除丧礼的意思。但子游一反常态，大讲礼仪的好处，不能不让人思量，这是其挚友子张的意思。或者说在子游出局以后，在有子与子张之间，子游毫不犹豫地选择了后者，并代替后者向前者发难。这并非是无根据地杜撰，因为这次辩论是所有关于有子的资料中，唯一一次有子辩驳失败的记录（最后一次关于《诗经》和商瞿的质问，有子未做任何辩论与回答），并在此之后，受到更大的难堪，黯然出局。这也正是我们前文所提出的子游把子张与孔子相比较的缘故——子游支持有子时，曾把有子比成夫子，而此时支持子张时，又以子张"未仁"不能超越孔子为遗憾。此后，子张遂成为孔门弟子中的领军人

---

① 《礼记·檀弓下》。
② 《礼记·檀弓上》。

物，韩非子把他列为儒家八派的第一名。按照这样的势力，子张很有可能成为有子之后，孔门实质上的第三任领导者，并在后来的争锋过程中，起到主导作用。

在孔门弟子中，最后一个出局的是仲弓。冉雍，字仲弓，鲁人。《论语》中对仲弓记录不多，最出色的一次是与孔子探讨居敬行简的问题。上海博物馆藏战国楚竹书中有一篇《仲弓》，是仲弓向孔子问政的记录。《荀子》中对于仲弓的言行十分推崇，经常把他与孔子并举，认为其人是"圣人之不得势者"[1]。但对于仲弓的思想，《荀子》中却缺乏记述，我们也无从探知。但可以推测的是，仲弓一派在荀子之前方才消灭，并深得荀子推崇，以至于荀子对其出局深感痛心，由是才把仲弓本人推向了与孔子相同的高度。

在仲弓出局以后，孔门弟子的派系划分基本确定，这也正是韩非子所提出的儒家八派。

三、儒家八派通考

儒家八派，虽然有所细分，然而八派并不同时，比如子张是孔子的亲传弟子；颜氏和漆雕氏指代不详，但绝不会晚于第二代；子思是孔子的第二代弟子；乐正氏有可能是第二代或者三代；孟子是为更后；仲良氏为谁，一直难有定论，不过可以知道的是，其出自孟子之后。倘使孙氏指代的是荀子，则可以称为先秦儒家的最后一人。换而言之，儒家八派并非同时而兴，也非同时产生影响，但可以确定的是这八派人物是战国时期影响最大的儒家学派，因而我们有必要对八派的创立经过、主要人物和主要学说做逐一的探讨。

---

[1] 《荀子·非十二子》。

1. 子张之儒

前文已经说到，子张氏之儒是继有子以后产生的最有影响力的学派，并有能力也有可能主导此后的孔门弟子的争锋。子张其人，按孔子的评价是，"师也辟"（见《先进》18）。朱熹释为是孔子对子张的道德判断，其《论语集注》的解释是"便辟"，"便辟"一词在《论语》中凡一见。《季氏》篇第四章："孔子曰：益者三友，损者三友：友直，友谅，友多闻，益矣；友便辟，友善柔，友便佞，损矣。"值得注意的是，此处直言是"孔子曰"，而非模糊意义上的"子曰"，表明是孔子对便辟之人的态度，以为损友。倘"师也辟"中"辟"作"便辟"解，则包含孔子对子张批判的意思，子张之后则很难在孔门发展，更难以以真孔自居，甚至批判子夏。所以，朱熹的这种理解，并不符合当年的现实情况。清儒黄式三在《论语后案》中释此句，释"辟"为"偏"，黄氏言："辟，偏也。以其志过高而流于一偏也。"这是参考了《先进》篇中孔子对子张"师也过"（见《先进》15）而做出的推断，很合道理。

在关于子张的资料中，除了他向孔子的问学以及我们上文引用过的一处外，只有两句能够表达子张的思想。分别是《子张》篇的第一及第二章。

　　子张曰："士见危致命，见得思义，祭思敬，丧思哀，其可已矣。"（《子张》1）

　　子张曰："执德不弘，信道不笃，焉能为有？焉能为亡？"（《子张》2）

　　钱穆释："执，守义。德在己，故曰执，犹云据德。弘，大义。"[①] 此

---

① 钱穆：《论语新解》，见《钱宾四先生全集》第三册，联经出版事业股份有限公司，1998 年 5 月第 1 版，第 672 页。

则可见子张的主要学说观点正在以"义"为核心，先前我们只知道孟子尚义，却不知子张为其前辈。（他先于孟子提出了"尚义说"。）第二章中还讲了一个"信"字，这也是子张的观念所在。《卫灵公》第六章："子张问'行'。子曰：'言忠信，行笃敬，虽蛮貊之邦行矣；言不忠信，行不笃敬，虽州里行乎哉？立，则见其参于前也；在舆，则见期倚于衡也；夫然后行！'子张书诸绅。"可见子张对忠信之道是十分重视的。

此外，子张对恕道也有自己的理解。前文引子张批判子夏的话："异乎吾所闻：'君子尊贤而容众，嘉善而矜不能。'我之大贤与，于人何所不容？我之不贤与，人将拒我，如之何其拒人也？"有一种来者不拒的宽大胸怀。但这种胸怀是否符合孔子的恕道原意还很难说，有道是"尽己之谓忠，推己之谓恕""中心为忠，如心为恕"[1]，孔子对"恕"的解释也正是"己所不欲，勿施于人"（《颜渊》2）。"恕"是一种将心比心的原谅与通脱，而绝非一种无原则的"容众"。而子夏"可者与之，其不可者拒之"的说法，虽说消极，但确实是中肯的交友之道。而孔子对二人"师也过，商也不及"的说法，更彰显其作为老师的识人之明。

孔子提倡中庸之道，所以批评子张和子夏"过犹不及"。但是孔门也有"不得中行而与之，必也狂狷乎。狂者进取，狷者有所不为也"的话，虽然这里只是模糊的"子曰"，但可以相信较为接近孔子本人的观点。子夏便是"狷"者的代表，而子张则是"狂"者的典范，两者虽得孔子批评，确实是各有其可取之处的。

2. 子思之儒

在孔门弟子中，一共有两位子思，一位是孔子的弟子，名原宪；一位是孔子的孙子，名孔伋。几乎没有疑义的，子思之儒指的是后者。然而在后世所传《子思子》中（《子思子》原书已佚，今本系宋人汪晫

---

[1]　两者均参见朱熹：《论语集注·卷二》。

所编），不免有原宪的一些思想观点窜入。比如《子思子·外篇·无忧第四》中"子思贫居"和"子思居于卫，缊袍无里"两则和同书《外篇·胡母豹第五》"卫公子交馈马四乘于子思"一则中子思"量腹以食卫之粟矣，又且朝夕受酒脯及祭膰之赐"的说法便是相左。何况通过《孟子》等书，我们得知鲁缪公曾经给了子思很高的礼遇。又据《史记·仲尼弟子列传》可知，真正的贫者乃是原宪。因此我们猜想，《子思子》之中关于子思贫苦生活的记载，乃是关于原宪生活内容的窜入和演变，并非孔伋的生活现实。然而其中却不乏一些先贤资料的汇总，因而也不能说完全没有意义。《四库全书总目提要》评价《子思子》说："特以书中所录虽真赝互见，然多先贤之格言，故虽编次舛驳，至今不得而废焉。"① 可谓论之中肯。

所以关于子思（此处及以下特指孔伋）的思想学说，可以称信的资料并不是很多。郭店楚简中有《缁衣》《五行》等若干篇，可做参考。荀子批评子思孟子一派时说："略法先王而不知其统，犹然而材剧志大，闻见杂博。案往旧造说，谓之五行，甚僻违而无类，幽隐而无说，闭约而无解。案饰其辞而只敬之，曰：此真先君子之言也。"（《荀子·非十二子》）其中"法先王而不知其统"一句有若干解释，笔者以为，《孟子》一书中多有对古王事迹的杜撰和开脱②，所以此句之意或可理解为，子思孟子一派只知效法先王而不知先王统治的真相。

至于其中所言之"五行"，按唐代杨倞之说，"五行"即"五常"，亦即"仁义礼智信"。近代学者章太炎同意此说。郭沫若先生则以为，《孟子》书中，"诚"的概念最为重要，子思、孟子"把诚当成了万物的

① 《四库全书总目提要·卷九十二·子部二》。

② 杜撰之事，如商汤王"东面而征，西夷怨；南面而征，北狄怨。曰，奚为后我？"（见《孟子·梁惠王下》）；开脱之事，如孟子言舜封象于有庳，并面对弟子万章的质询，为舜的行为解释开脱（见《孟子·万章上》）。

本体"①。因此，所谓"五德"应该为"仁义礼智诚"。按汉许慎《说文解字》："信，诚也。释诂。诚，信也。从人言。序说会意曰信武是也。人言则无不信者。故从人言。"②"诚""信"二字互训，所以区别仅在于一字，而其义无别。郭店楚简有《五行》篇，第一简就是释"五行"章，其中有一缺文，剩下四行为"仁""义""礼""圣"，五六七简中，"仁""智""圣"排比，因而可以得知子思、孟子之"五行"为"仁义礼智圣"五德。李零先生认为，《五行》篇乃是子思本人的论述③，如果是这样，我们大致可以窥见子思的一些主要思想和主张。

楚简中《鲁穆公问子思》篇则可以看出子思直言不屈、刚强正直的人格，这一点对后来的孟子产生了很大的影响。

关于子思与孟子的师承关系，历史上有两种说法：一是《史记·孟荀列传》记载，孟子"受业于子思之门人"；二是班固《汉书·艺文志》《孟子》十一篇"后云："名轲，邹人，子思弟子，有《列传》。"东汉赵岐云："孟子生有淑质……长师孔子之孙子思，治儒述之道。"④根据清华大学刘鄂培教授推算，孔子生于公元前551年，假定二十余而有伯鱼，伯鱼二十余而又有子思，则子思约生于公元前500年左右。又按《史记·孔子世家》："孔子生鲤，字伯鱼，年五十，先孔子死。伯鱼生伋，字子思，年六十二。"则子思享年62岁，约卒于公元前440年。孟子生于公元前372年。因此，子思的死约先于孟子的生70年，已不可能见到孟子，更不可能是孟子的老师。⑤

但在这种算法中，显然排除了孔子及伯鱼均中年得子的可能性，

①　郭沫若：《十批判书·儒家八派的批判》，中国华侨出版社2008年2月第1版，第97页。

②　许慎：《说文解字·言部》。

③　李零：《郭店楚简校读记》，中国人民大学出版社，2007年8月第一版，第107页。

④　赵岐：《孟子注疏·孟子题辞》。

⑤　刘鄂培：《孟子大传》，清华大学出版社，1998年版，第52页。

所以子思的年龄也就被推算得大了一些。我们将子思的年龄尽可能推迟：孔子的死年确定，在公元前479年，伯鱼死于孔子逝前三年（据钱穆《孔子年表》），则死于公元前476年，此年即子思的最迟生年。另，按清人毛奇龄《四书賸言》引王草堂的说法，"《史记》所云'子思年六十二'，或是八十二之误"①，则子思最迟逝于公元前394年。孟子生于公元前372年，自然无法师事子思。而按照时间的推算，子思的弟子见到孟子的可能性是很大的。《荀子·非十二子》言及二者关系时云："子思唱之，孟轲和之。"又依据《中庸》和《孟子》中的文段分析，孟子受到子思的思想又是分明可见的。②因而《史记》中孟子受业于子思门人的说法是可信的。

3. 颜氏之儒

韩非所述儒家八派，至此而一变，此前俱言其字，此后乃称其姓氏。颜氏之儒为诸氏之首，而疑问最多。第一需要弄清的是，颜氏之儒的传承者和领袖是何人。

孔门弟子的分裂乃是在孔子去世以后，颜回之死则早于孔子。所以有人怀疑，颜氏之儒的导师并非通常所认为的颜回，而是另有其人。③因为孔门颜氏弟子八人，除颜回外，尚有：颜无繇（颜回父）、颜幸、颜高、颜祖、颜之仆、颜哙、颜何七人。据《史记·仲尼弟子列传》记载，此八人俱为鲁人。孔门弟子之中，也唯颜姓弟子为最多。不过此议

① 毛奇龄：《四书賸言》："王草堂谓《史记·孔子世家》'子思年六十二'。孔子卒于周敬王四十一年，伯鱼先孔子卒二年，向使子思生于伯鱼卒之年，亦当卒于周威烈王三四年间。乃孟子实生于烈王四年。这距于子思卒年时，已有五十年之久，又谓鲁穆公尝尊礼子思。然穆公即位在威烈王十九年。则《史记》所云'子思年六十二'，或是八十二之误。若孟子则断不能亲受业也。"

② 参见刘鄂培：《曾子在先秦儒学中的重要地位》，见《船山学刊》2005年第1期。

③ 参见乐山：《孔曾传承刍议》，石东升、卜一编：《曾子评注》，群言出版社，2004年10月版，第54页。

同样引发了反对，反对者认为，虽然儒家八派的分裂在孔子死后，却并不意味着众家弟子在孔子逝后方才收徒。颜回应该在生前已有从学者。如《先进》篇第十章："颜渊死，门人欲厚葬之。子曰：不可！门人厚葬之。子曰：回也，视予犹父也，予不得视犹子也；非我也，夫二三子也。"这里的门人未必是孔子弟子，而是颜回本人的弟子①。

而这又为颜氏之儒增添了第二个疑问，即颜氏之儒的发生时间。换而言之，即倘使颜氏之儒的领导者为颜回，而其发展又在孔子逝世之后，则丧失了导师的颜氏之儒还能在之后的儒家八派中存在，未能消亡之原因何在。以常情推论，无非是该学派选举出另一个导师，且为颜氏族人，如果选举出的学者并非颜氏，则韩非在论述的时候将使用该学者的姓氏命名，如乐正子春为曾门弟子，而《显学》篇并未称其为"曾氏之儒"。由此我们可以判断，颜回殁后，新的颜氏族人继起，使颜氏之儒得以传承。故此，我们必须对颜氏家族的起源与发展做出一些必要的探究。据济南大学常昭老师考证：颜氏得姓于西周时期颜友，起源于小邾国，毗邻鲁国，颜友的庶支世代为鲁国大夫。所以至孔子时代，在鲁地人数众多。颜氏弟子既有师出同门之缘，又有同宗之亲，思想主张及学术特点趋向于一致，形成儒家之一派是顺理成章的。②

值得注意的是，与孔子有关的颜氏族人并非只有八位弟子，孔子之母亦为颜氏族人，名曰颜徵在，颜徵在亦为鲁女。③所以很有可能的事实是，孔子之母亦与孔门八颜同族。孔子谓："回也，视予犹父也，予不得视犹子也。""犹子"二字，《礼记·檀弓上》释为"兄弟之子也"，故颜回很有可能为其母亲的孙辈。颜回之父颜无繇小孔子六岁，孔子即其表伯。正是在这样的情况下，子禽才会向伯鱼问"子亦有异闻乎"

① 常昭：《颜回、颜氏之儒与琅琊颜氏家族探析》，《齐鲁学刊》，2010 年第 4 期。
② 常昭：《颜回、颜氏之儒与琅琊颜氏家族探析》，《齐鲁学刊》，2010 年第 4 期。
③ 参见《史记·孔子世家》及《史记索隐》同章。

（《季氏》13）。子禽的目的绝非在于问伯鱼在孔子所学，而是欣喜得到"君子远其子也"的结论。伯鱼尚且如此，颜回更不可能只因为是亲眷而受到称赞和重视，从另一角度证明，颜回确具有真才实学。

综上可知，其实颜氏之儒的传承者和领袖是谁或许并不重要，其派系发生的先后也不重要，因为颜氏一系，始终拥有相似的思想观念，并且与孔子的亲缘关系很近。也许正是为此，他们才会自认为也被认为是"真孔"的代言人，也才能在颜渊去世以后，依然具有与其他七派抗衡的能力。也正是由于这样的缘故，韩非子才会将之称为"颜氏"一派。在这一派中，毫无疑问，颜回是其中的佼佼者。因而我们要研究颜氏之儒的思想主张，也当以颜回的思想为是。

而关于颜回的思想，现在能看到的材料甚少，可信者更微。唯一可知者是他自比于帝舜。《孟子·滕文公上》记载颜回的言论："舜何人也，予何人也；有为者亦若是。"《荀子·哀公》记载：定公以东野子之驭问于颜渊，颜渊则断定东野子之马将失。其中他的解释是"昔舜巧于使民，而造父巧于使马。舜不穷其民，造父不穷其马，是以舜无失民，造父无失马也。……'鸟穷则啄，兽穷则攫，人穷则诈。'自古及今，未有穷其下而能无危者也。"可见其尊崇的舜治，是统治者不能穷其下的宽民之道，也是孔子所寄托于他的仁政的具体表现。

4. 孟氏之儒

关于孟氏之儒，历来疑义甚微。孟氏之儒即为孟轲之儒。

5. 漆雕氏之儒

"漆雕氏"为谁，似乎也有疑问。按郭沫若《儒家八派的批判》："孔门弟子中有三漆雕，一为漆雕开，一为漆雕哆，又一为漆雕徒父，但从能构成为一个独立的学派来看，当以漆雕开为合格。他是主张'人性有善有恶'的人，和宓子贱、公孙尼子、世硕等有同一的见解……这几位儒者大约都是一派吧。"①

按《史记》：漆雕开，字子开。郑玄曰鲁人，《孔子家语》曰：字子若，蔡人。《汉书·艺文志》在《漆雕子》十三篇后云："孔子弟子漆雕启后"，以"漆雕启"为孔子弟子，而《史记·仲尼弟子列传》中并无记载此人。宋代学者王应麟考证："子开盖名启，字子开。《史记》避景帝讳也，《论语》注以开为名，著书者其后也。"②先秦人名、字不用同讳，司马迁"漆雕开，字子开"之说，名字之间必有一字为误。且司马迁生活在汉武帝朝，为景帝避讳，讳启为开，所以漆雕开其人，或名漆雕启字子开，或名漆雕开字子启。王应麟因《论语·公冶长》第五章作"漆雕开"而证明其人名启，字子开，以前文所叙《论语》直呼有若其名的例子来看，恐怕是有失偏颇的。又按《家语》，以漆雕开为其名，以子若为字。"启"字繁体有若干种写法，其中"啓"的写法绝类"若"字，故极有可能是《家语》编纂者之误。漆雕开字子启，于此明矣。汉书所言《漆雕子》十三篇的作者"漆雕启后"亦即"漆雕开后"。

关于这一派的学说，王充《论衡·本性篇》言："周人世硕，以为'人性有善有恶，举人之善性养而致之则善长，恶性养而致之则恶长'。如此，则性各有阴阳善恶，在所养焉，故世子作《养书》一篇。宓子贱、漆雕开、公孙尼子之徒亦论情性，与世子相出入，皆言性有善有恶。"这里提到漆雕开的人性观是作为同一个体而言，人性有善有恶，正如天地有阴有阳，关键在于人怎样使用。用善良的一面则人为善，用恶的一面则人为恶。性犹湍水也，这一点同孟子当中的告子"决诸东方则东流，决诸西方则西流。人性之无分于善不善也，犹水之无分于东西

---

① 郭沫若：《十批判书·儒家八派的批判》，中国华侨出版社 2008 年 2 月第 1 版，第 105 页。

② 王应麟：《汉艺文志考证·卷五》。

也"的说法相类。所以告子很有可能就是漆雕氏一系的传人。又《左传》等书多有人名合音之例，如《左传·哀公二十三年》注颜浊聚字庚。古人姓名多有联系，唯此则无。且颜浊聚本人名诸书多异，因而黄侃先生《春秋名字解诂补谊》考证，"浊聚"二字合音为续，"庚"亦训续也[①]。又如李维琦先生认为宋玉《登徒子好色赋》中，"登徒"合音为"都"。所谓"登徒子"不过是"子都"的另一种说法[②]。所以我颇怀疑"告"字乃是"漆雕"二字的合音，告子亦即漆雕氏族人。

漆雕开之子名漆雕凭。《孔子家语·好生第十》载："孔子问漆雕凭曰：'子事臧文仲、武仲及儒子容此三大夫者，孰为贤？'对曰：'臧氏家有守，龟焉，名曰蔡，文仲三年为一兆；武仲立，三年为二兆；儒子容立，三年为三兆。凭从此见之。若夫三大夫贤与不贤，所未敢识也。'孔子曰：'君子哉，漆雕氏之子也。其言人之美也，隐而显；其言人之过也，微而著。'"这里漆雕凭只言其占卜情况，而不肯言其贤否，孔子夸奖他能够看到别人隐处的优点，同时能洞察最微小的过错。刘向《说苑》在此后尚有一句："故智不能及，明不能见，得无数卜乎？"智不能及是一种缺憾，但了解自己的智不能及同时也是一种贤德。所以前人有智，后人有自知之明，漆雕凭不做贤与非贤的评论，只就事论事，因而深得孔子的欣赏。

《韩非子·显学》论漆雕氏云："漆雕之议，不色挠，不目逃，省曲则违于臧获，省直则怒于诸侯，世主以为廉而礼之。"可见漆雕氏亦尚"礼"，但此礼与后来的荀氏之礼不同，这种礼更近于孟子所说的义与勇，是一种敢爱敢恨、正义凛然的廉洁之礼。值得注意的是，韩非子"不色挠，不目逃"的评论，虽然仅仅归于对"漆雕之议"的阐述上，

---

① 黄侃：《春秋名字解诂补谊》，洪治纲主编：《黄侃经典文存》，上海大学出版社，2008年4月第1版，第299页。

② 李维琦：《合音词例》，湖南师范学院古汉语研究室编：《古汉语论集 第1辑》，湖南教育出版社，1985年3月第1版，第308页。

但其实漆雕氏已有侠义的精神展现。漆雕氏之儒的存在，可以证明孔孟之间由仁到义的发展过程。

6. 仲良氏之儒

仲良氏之儒是儒家八派之一，在先秦儒学之中是很重要的一派。然而我们对仲良氏他却知之甚少。郭沫若承袭梁启超说，认为仲良为楚国儒者陈良。笔者以为，这是很值得商榷的，因为《孟子·滕文公上》中说得很明白："陈良，楚产也。悦周公、仲尼之道，北学于中国。北方之学者未能或之先也。"从中我们可以获得这样几个线索：（一）陈良与孔子没有师承关系；（二）陈良本是楚国人，北上中原来学习，成绩很好，北方的同学没有超过他的，但绝非"北方之人莫能先也"。而孟子与之说话的陈良之徒陈相与其弟辛，"负耒耜而自宋之滕"；（三）所以可以证明：陈良后来的行动局限于楚宋一带，并没有到中原与孔门弟子争雄，"自谓真孔"。何况孔门弟子及再传弟子众多，绝不可能容忍一个没有丝毫师承关系的陈良来争夺"真孔"之位，并且这样的一个外来血统的人物也并不可能在争"真孔"的过程中，产生太大的影响。因而仲良氏的创立者应该另有其人。

对此，陈奇猷先生认为，所谓仲良氏即仲梁子："卢文弨曰：'良'，张本作'梁'，顾㠓圻曰：藏本'良'作'梁'。按'梁''良'同字也……良，迁评本《韩非子》亦作梁，字同。《汉书·古今人表》中上有仲梁子，但列与齐襄王（起公元前282年）同时……郑注《檀弓》云：'仲梁子，鲁人。'又案《左传》定五年有仲梁怀，盖其先也。"① 这个考证是很服人的，因为既有古本作为证明，又有严密的推理作为支撑。

《诗传诗说驳义·卷一》释《定之方中》引仲梁子曰："初立楚宫

---

① 陈奇猷：《韩非子新校注》，上海古籍出版社，2000年10月第一版，第1126页。

也。遂以定之方中，为楚宫大雅之抑。"《毛诗注疏·卷四》释《定之方中》亦引此论。可知仲梁子或许传《诗》，但凡引注者皆无逾此篇，因而不能做定论。又按《小戴礼记·檀弓上》："曾子曰：'尸未设饰，故帷堂。小敛而彻帷。'仲梁子曰：'夫妇方乱，故帷堂。小敛而彻帷。'"则可见仲梁氏之儒和曾子之儒的区别，两家皆通礼，但曾氏是从礼本身的角度来解释礼，而仲梁氏则是从人和人性的角度解释礼。"礼云礼云，玉帛云乎哉？乐云乐云，钟鼓云乎哉？"（《阳货》11）礼的背后站立的一定是人性的精神，这种精神在仲梁氏之儒这里得到了传承。

7. 孙氏之儒

孙氏之儒的创立者，共有两说。一种是传统意义上认为的孙氏即荀氏，一种是日本学者津田凤卿在《韩非子解诂全书》提出的公孙尼。津田凤卿言："恐脱'公'字，《艺文志》：'《公孙尼子》，二十八篇'，七十子之弟子。《太平御览》引《公孙尼子》，一曰：'恐公孙丑也。'或曰：'指孙卿子'，非。"[1]这个观点是可以得到支持的，首先宋代王应麟所编《玉海·卷一百三十四》引《韩非子·显学》时"孙氏之儒"前有一"公"字。晋陶渊明在《圣贤群辅录》释"八儒"时也说："公孙氏传久《易》为道，为洁净精微之儒"——以公孙氏为八儒之一。

但上述三个理由俱有可商榷之处。首先，前文既已证明，公孙尼子与宓子贱、漆雕启、世子（世硕）观念相近，皆言性有善有恶。此一派即为漆雕派，且公孙尼子与漆雕子（漆雕启后）大约同时，不可能同为两派。其次，《玉海·卷一百三十四》引《显学》时确为"公孙氏之儒"，然而四库本中，词条之下即注"一无'公'字"。《圣贤群辅录》

---

① 〔日〕津田凤卿：《韩非子解诂全书·卷十九》，嘉永刻本《韩非子解诂全书》，第10册，第15页，日本早稻田大学花房文库藏。

则早已断定是伪书①，而释"八儒""三墨"之两篇尤甚。宋人晁公武《郡斋读书志·卷四上》说："其次第最有伦贯，独《四八目》后'八儒''三墨'二条似后人妄加。"所以从文献来源而言，亦不可靠。且持孙氏之儒为公孙尼子的论者，有一点很难解释，即儒家八派的划分并非均为孔子弟子或其同一时代者，而是选出孔子逝世后最有影响力的八派儒家分支，荀氏作为儒家晚起的集大成者，又是韩非的老师，不入八派之属于理难通，则荀子必为八派之一明矣。

8. 乐正氏之儒

关于乐正氏之儒，郭沫若与陈奇猷的观念同样相左。郭认为，乐正氏乃与孟子同时的乐正克。但郭老以为乐正克是孟子的弟子，恐怕未确。《孟子·梁惠王下》：乐正子入见，曰："君奚为不见孟轲也？"我们知道弟子对别人称自己的老师只能称字，不能称名。子贡对叔孙武叔便说："仲尼不可毁也"，而绝不敢言"孔丘"两字。按古礼，只有自称，或者称呼晚辈或同辈分的下级可以以名称之。则孟子最少是这位乐正子的平辈下级。

陈则以为，乐正氏乃曾子弟子乐正子春。此人以孝道闻名，《礼记》《吕氏春秋》等多有其孝行的记载。此处笔者以为，当以陈说为是。因为《孟子》所载之乐正克并非儒者。

《孟子·告子下》："鲁欲使乐正子为政。孟子曰：'吾闻之，喜而不寐'"一节，所表现的乐正子，并非是一个儒者，而仅仅是一个好善的从政之人的形象。而《离娄上》载："孟子谓乐正子曰：'子之从于子敖来，徒餔啜也。我不意子学古之道，而以餔啜也。'"故乐正克虽然是儒家文化的学习者和继承者，但其志愿不在学问而在干禄，其于学问的阐述发明难以与八派中其他人物齐驱。所以，所谓乐正氏之儒的领袖，只

---

① 参见《四库全书总目提要·集类一·别集类一》。

可能是曾子门人乐正子春。

《大戴礼记·曾子大孝》记载：乐正子春下堂时扭伤了脚，脚伤已经痊愈，于是几个月不出门，脸上有忧戚的颜色。弟子问他当中的缘故。乐正子春答："吾闻之曾子，曾子闻诸夫子曰：'天之所生，地之所养，人为大矣。父母全而生之，子全而归之，可谓孝矣；不亏其体，可谓全矣。故君子顷步之不敢忘也。'今予忘夫孝之道矣，予是以有忧色……夫子曰：'伐一木，杀一兽，不以其时，非孝也。'"《吕氏春秋·孝行》的记载与此大致相同。从这里，我们可以得到三个信息：（一）乐正子春受业于曾子，同时自己也收授门徒，有自己的弟子；（二）乐正子春的思想以孝为主，并且把孝道落实到日常生活中的一言一行，虽然"数月不出"未免有些过分，然而把孝具体化以后能同日常的行为相结合，使从学者有所信仰，从而达到行为和精神上双重的良善；（三）乐正子春短短一段话里，两次引述夫子（即孔子）的言论，可见亦是以"真孔"自居的人物。所以我们认定，乐正子春才是乐正氏之儒的领袖。

四、儒家八派的演进

诚如上文所述，在战国初年，孔门弟子开始走向了思想分野，并先后建立了八个学派。至西汉武帝时代，董仲舒将儒家思想定位一尊，这时的儒家思想则早已复归为一。换而言之，即儒家八派至少在西汉武帝之前走向了相对的灭亡与绝对的一统，儒家八派也各自完成了其独特之演进。以下，将分而述之：

1. 曾氏之儒：儒家学派的自我演进

在先秦儒家的传播过程中，有一家派别是不可忽视的，因为其在孔孟之间，起到了承前启后的作用。先期儒家赖其而传，后期儒家赖其而发。这一派别的领袖就是曾子。因而我们仿照《韩非子·显学》的模式，称之曰曾氏之儒。张居正说："圣人传授心法，惟曾子独得其宗也。"[①]便可以知道曾氏之儒的重要意义。

在《论语》中，曾子共出现了十七次，是出现频率较高的孔门弟子之一，并且曾子还是孔门弟子中仅有的三位被称为"子"的人。他的主旨思想在于忠恕和孝道。《里仁》篇第十五章："子曰：'参乎！吾道一以贯之。'曾子曰：'唯。'子出。门人问曰：'何谓也？'曾子曰：'夫子之道，忠恕而已矣。'"这里把曾子称名，所以"子"字必指代孔子无疑。孔子向曾子说："我的道是用一种东西贯穿始终的。"曾子就解释成忠恕。但忠恕毕竟是二而不是一，所以有人就认为曾子的回答是有问题的。台湾大学傅佩荣教授甚至认为，曾子的回答中"而已矣"三个字是太不负责任的，完全是初中生说话的口吻。傅教授甚至批评说这是孔子教学失败的案例。因为"忠恕，违道不远"，语出《中庸》，可见忠恕并不是道。并进一步认为，孔子一以贯之的乃是"仁"的思想。[②]

这种说法乍听起来很有道理，但仔细分析起来，却仍然存在问题。首先，"吾道一以贯之"，贯穿道的并不会是道本身，所以不能因忠恕不是道而否定其贯穿道的可能。其次，《卫灵公》篇第三章："子曰：'赐也！女以予为多学而识之者与？'对曰：'然。非与？'曰：'非也，予一以贯之。'"可以见到孔子所寄托的一以贯之的力量不是知识，而是超脱知识以外的精神力量。《公冶长》第二十八章："子曰：'十室之邑，必有忠信如丘者焉，不如丘之好学也。'"这里强调学习的重要性，但同时也说明，学习的行为必然是以忠信为基础。两者之间必有可以"一以

---

① 陈生玺主编：《张居正讲评〈论语〉·皇家读本》，上海辞书出版社，2007年1月版，第51页。

② 傅佩荣：《国学的天空》，陕西师范大学出版社，2009年4月版，第36页。

贯之"的力量。前文引《卫灵公》第五章"子张问行"一则，孔子以忠信之道教诲子张，子张书诸绅。可见忠信之道的力量和其贯穿性。《卫灵公》第二十四章："子贡问曰：'有一言而可以终身行之者乎？'子曰：'其恕乎！己所不欲，勿施于人。'"可见恕道也是一生的行为准则。

所以孔子之道，能够贯穿之一的精神正是学习、忠、信、恕。这也正是《述而》篇第二十五章说的："子以四教：文，行，忠，信。"行，就以"恕"行之终身；文，就是不断地学习。而在曾子看来忠、信和学习是同一系统，而忠为最重。《学而》篇第四章："曾子曰：'吾日三省吾身：为人谋而不忠乎？与朋友交而不信乎？传不习乎？'"三者同居于一系，而忠为之最先，可以说明这个道理。所以曾子把孔子"文行忠信"四教衍化成忠恕二字，并以此二字贯穿曾氏一系的儒家道统的始终。曾氏一派的孔门后学也因而完成了儒家思想的第一次自我演进，便是化"文行忠信"为忠恕思想，而忠恕之间更突出于忠。

其次，曾子重视孝道。二十四孝之中，便有一则是曾子的"啮指心痛"。《孟子》中尤其盛赞他的孝道，《尽心下》记载："曾晳嗜羊枣，而曾子不忍食羊枣。"《离娄上》记载："曾子养曾晳，必有酒肉。将彻，必请所与。问有余，必曰'有'。曾晳死，曾元养曾子，必有酒肉。将彻，不请所与。问有余，曰：'亡矣'。将以复进也。此所谓养口体者也。若曾子，则可谓养志也。事亲若曾子者，可也。"把曾子和曾元的孝行进行对比，强调奉养老人以养志为最孝。这里还是以情感为主来讲孝道，养志一说也在于强调孝的精神性。但是在曾子一派过分强调孝道以后，孝就成了一种顺从，而这种顺从有时连强调"父为子隐，子为父隐"（《子路》18）的孔子都看不下去。有两件事很能说明其中的道理，其一则载于《孔子家语·六本》：

　　曾子耘瓜，误斩其根。曾晳怒，建大杖以击其背，曾子仆
地而不知人。久之有顷，乃苏，欣然而起，进于曾晳曰："向也

参得罪于大人，大人用力教，参得无疾乎。"退而就房，援琴而歌，欲令曾皙而闻之，知其体康也。孔子闻之而怒，告门弟子曰："参来勿内。"曾参自以为无罪，使人请于孔子。子曰："汝不闻乎，昔瞽瞍有子曰舜。舜之事瞽瞍，欲使之未尝不在于侧，索而杀之，未尝可得。小棰则待过，大杖则逃走，故瞽瞍不犯不父之罪，而舜不失烝烝之孝。今参事父委身以待暴怒，殪而不避，既身死而陷父于不义，其不孝孰大焉？汝非天子之民也，杀天子之民，其罪奚若？"曾参闻之曰："参罪大矣！"遂造孔子而谢过。

孔子的"委身以待暴怒，殪而不避，既身死而陷父于不义，其不孝孰大"，可以看成是对孝的另一种理解，当然最主要的是对曾子这种"委身以待暴怒，殪而不避"的愚孝的一种反对。

《论语·泰伯》篇第三章记载了另外一件事："曾子有疾，召门弟子曰：'启予足！启予手！诗云：战战兢兢，如临深渊，如履薄冰。而今而后，吾知免夫！小子！'"这是把身体发肤列为孝道的起源，自此以后孝道日渐变得具体与繁细。

曾子对父亲的毫无保留的接受，彻底放弃了子女能够直言父母之过的可能。从而使伦常更为机械，子女对待父母绝对服从，此风愈演愈烈，从而丧失独立的人格，沦为父权的附庸。这也是曾子学派对儒家思想的第二次演进。而在曾子之道传承的过程中，此种思想更为强化、系统化和理论化。如前文所引《大戴礼记》中曾子之徒乐正子春的言论则更加具体，自己扭伤了脚，竟然也上升到"忘夫孝之道矣"的高度，并定下了君子孝的具体行为准则："君子一举足不敢忘父母，一出言不敢忘父母。一举足不敢忘父母，故道而不径，舟而不游，不敢以先父母之遗体行殆也。一出言不敢忘父母，是故恶言不出于口，忿言不及于己，然后不辱其身，不忧其亲，则可谓孝矣。"把《孝经》上所谓"身体发肤，受之父母，不敢毁伤"的精神贯穿到日常生活中的一言一行，所以言谨行慎，失去自由。

关于《孝经》是否为曾子所作，说法亦为不一。《史记·仲尼弟子列传》云："孔子以为能通孝道，故授之业，作《孝经》。"《汉书·艺文志》："《孝经》者，孔子为曾子陈孝道也。夫孝，天之经，地之义，民之行也。举大者言，故曰《孝经》。"有学者以《孝经》开篇"仲尼居，曾子侍"为由，认为"这里直呼孔子之名'仲尼'，称曾参为'曾子'。足见《孝经》的作者不可能是曾参自己。"① 其实这种说法也值得商榷，因为前文已探讨过孟子与子思的师承关系，孟子便是在他的著作中自称为"孟子"而称自己的师祖为"子思"的。(见《离娄下》)何况孔子之弟子如子贡等，称其字为"仲尼"已有先例(见《论语·子张》诸章)，并不足为怪。至于朱熹所谓"篡取《左传》诸书之语为之"②，则未尝不可看作《左传》诸书转引《孝经》。依笔者之见，在没有过硬的证据能够证明《孝经》非曾子所作时，不可轻易推翻《史记》及《汉书·艺文志》等书的说法。

据《孝经》，孔子之教曾子，"夫孝，始于事亲，中于事君，终于立身。"虽然事君在孝道实践的过程中不过是一个中间环节，但由于曾子对忠道的重视，事君在孝道的实践过程中就变成了最重要的部分。《孝经》说："以考事君则忠，以敬事长则顺"，则中国人的君父意识和忠顺思想首先出现。由于其过度地强调孝的顺从性，并把这种一味的顺从与忠的思想相结合，最终形成了中国人在政治上独特的忠孝观和孝治统治，同时用孝的温情加强了统治者的中央集权，并在汉武帝时罢黜百家独尊儒术的过程中，助力完成了儒法合流，使儒家完成了最后的演进——"内圣外王"的儒学体制得以实现，并统治了中国思想界两千余年。

---

① 刘鄂培：《曾子在先秦儒学的重要地位》，见《船山学刊》，2005 年第 1 期。

② 《朱子语录》。

2. 外向演进结果之一：墨家学派与曾氏之儒

从时间上看，墨家是儒家第一个反对者。然而墨家的开创者墨翟同样受到儒家学派的影响。《淮南子·要略》称："墨子学儒者之业，受孔子之术。"这可以从空间和时间两个角度加以证明。从空间上来说，墨子生活在鲁国南鄙的三邾地区^①，鲁国是儒家学派的发源地，墨子长期生活在此，受到儒家学派的影响很大。从时间上而言，"或曰并孔子时，或曰在其后"^②。司马贞《索引》以《墨子》书中有子夏的弟子文子，判断墨翟在七十子后。实则，文本当中有文子出现只能证明《墨子》的最终成书晚于七十子后学，并不能借此判断墨翟本人的生年。又墨翟弟子禽滑厘受业于子夏之伦^③，足见其弟子为七十子后学的弟子。

前已言明，子夏之弟子于魏国授业，而墨子的活动范围在鲁。其叛儒归墨，可见此时正值墨家学说传播兴盛之时。所以墨家学派的兴盛约与七十子后学的授业同时，而其建立之初则应与七十子传播儒学的时间一致。换而言之，墨子在儒家之时，应该是孔子弟子，亦即七十子传授之时。墨子居鲁，所以对他影响最大的有可能是作为儒门执政者的子张，也有可能是在子张居陈以后，在鲁国非常具有影响力的曾子。

而从墨子的行为习惯和批判对象来看，似乎其受到曾子的影响更大。《庄子·让王》记曾子："曾子居卫，缊袍无表，颜色肿哙，手足胼胝，三日不举火，十年不制衣。正冠而缨绝，捉衿而肘见，纳履而踵决。"而墨子本人"度身而衣，量腹而食，比于宾萌，未敢求仕"^④，他的后世弟子则"腓无胈，胫无毛，沐甚雨，栉疾风"^⑤，这种苦行僧的

① 张知寒：《墨子里籍新探》，《山东社会科学》，1998年，第6期。

② 司马迁：《史记·孟子荀卿列传》。

③ 司马迁：《史记·儒林列传》。

④ 吕不韦：《吕氏春秋·高义》。

⑤ 庄周：《庄子·天下》。

精神，无疑是学习曾子的。曾子在其所作《大学》中的思想："国不以利为利，以义为利也。"被墨子生发成"义，利也"①。其主张举贤的政治观点被墨子生成"尚贤"等等。这些都是墨子直接受到曾子影响的证明。

从现存的《墨子》文本来说，我们看到更多的是墨子对儒家思想批判的内容。他甚至打出"非儒"的旗号。在现存的《非儒下》中，针对儒家的儒者曰：亲疏尊卑之异、有命之论、礼乐之文、恢复古礼、循而不作等内容进行了批判。反对的内容十分博杂，但其反对之中心则是出于二者对应的政教见解的差异。墨子因为儒家"礼烦扰而不说，厚葬靡财而贫民，（久）服伤生而害事，故背周道而用夏政"②。"政者，正也。"③古时有三正，为夏正、殷正、周正④。三正按顺序排列，循环往复。故"周道而用夏政"的实质，即用夏政治代替周政治，亦即是推翻周政治，建立新秩序的另一种说法。

要建立一种新的秩序，首先要无视于周天子的存在。在《墨子》一书中，常常用"天"来代替周天子，称"天之兼有天下也，亦犹君之有四境之内也"。⑤既然确定了"天"的统治地位，就必须要保证"天"是具有独立人格意识的，所以他要讲"天志"和"明鬼"。既然有了"天志"，则保证了绝对的公平和正确。前者就成为"兼爱"和"非攻"的学理依据，后者则成为"尚同"的理论根源。由此可见，墨子所建立的一系列思想体系，最终的根源是与儒家学派的政治分歧。

事实上，墨子并非不尊重孔子，至少他承认孔子"博于《诗》《书》，

① 墨翟：《墨子·经上》。

② 刘安：《淮南子·要略》。

③ 《论语·颜渊》。

④ 陆德明：《经典释文》卷三。

⑤ 墨翟：《墨子·鲁问》。

察于礼乐，详于万物"①，并且在与孔门后学程繁的辩论中一度称赞过孔子②。这些都可以证明，墨子虽然在政治理念上与儒家有异，但在知识与人格上对儒家学者，尤其是对于孔子，是保留了相当的尊重的。这也足以解释在墨子的论敌当中，为何以儒家的学者为多，且其间的关系又多以平等尊重为主。

3. 外向演进结果之二：西河学派与前期法家

在早期儒家的发展史上，子夏无疑是另一位具有重要影响的人物。在孔子去世后的争锋过程中，子夏失败，并离开了洙泗之地，来到西河，传道授业，建立了所谓的"西河学派"，成为一时之盛。西河之民一度疑子夏为孔子③。

所以子夏的弟子很明显地可以分成前后两期。前期在洙泗一代，教授门徒，主要以传六经为主。洪迈《容斋续笔·子夏经学》言："孔子弟子，惟子夏于诸经独有书……于《易》则有《传》。于《诗》则有《序》。而《毛诗》之学，一云：子夏授高行子，四传而至小毛公，一云：子夏传曾申，五传而至大毛公。于《礼》则有《仪礼·丧服》一篇，马融、王肃诸儒多为之训说。于《春秋》所云不能赞一辞，盖亦尝从事于斯矣。公羊高授之于子夏。穀梁赤者，《风俗通》亦云子夏门人。于《论语》则郑康成以为仲弓、子夏等所撰定也。"④

这一时期的子夏弟子，应该就是荀子所称的"子夏氏之贱儒"⑤，他们的特点是"正其衣冠，齐其颜色，嗛然而终日不言。"⑥按《说文》：

① 墨翟：《墨子·公孟》。
② 墨翟：《墨子·公孟》。
③ 《礼记·檀弓上》。
④ 洪迈：《容斋续笔》卷十四。
⑤ 荀况：《荀子·非十二子》。
⑥ 荀况：《荀子·非十二子》。

"嗛，口有所衔也。"① 此处应指口齿含混。盖当时子夏授门人之时，要求门人整齐衣冠，颜色划一，又要求他们轻言寡语，不能轻率甚至清晰发言。可见这时的子夏对门人的管理已经初具法度。而到了西河授业之时，则彻底将门人集中培养成为法家的先驱。

按《史记》，当时贤人，"如田子方、段干木、吴起、禽滑厘之属，皆受业于子夏之伦，为王者师。"② 又《吕氏春秋·当染》："子贡、子夏、曾子学于孔子。田子方学于子贡，段干木学于子夏。"《汉书·艺文志》有儒家《李克》七篇，注曰："子夏弟子，为魏文侯相。"又有法家《李子》三十二篇。注曰："名悝，相魏文侯，富国强兵。"又《古今人表》列李悝于第三等，李克为第四等，作为两人来看待。然《史记·孟子荀卿列传》称"魏有李悝，尽地力之教"，《货殖列传》则称"当魏文侯时，李克务尽地力"。《史记索隐》案："《汉书·食货志》：李悝为魏文侯作尽地力之教，国以富强。今此及汉书言'克'，皆误也。"崔适《史记探源》："《孟荀列传》亦云'魏有李悝尽地力之教'，《魏世家》《吴起列传》皆有李克对魏文侯语。且尝为中山守。尽地力，即为守之职，是李克即李悝。'悝''克'一声之转，古书通用，非误也。"③《唐律疏议》亦云"魏文侯师于李悝"，足知李克与李悝并为一人。李悝著有《李子》七篇，《法经》六篇④。是法家前期的重要人物。《唐律疏议·名例》载："魏文侯师于李悝，集诸国刑典，造《法经》六篇……商鞅传授，改法为律。"⑤ 则知商鞅的法家思想受到李悝影响，这也是子夏间接传授的结果。

段干木亦为子夏弟子，关于他的生平事迹不详。王充《论衡》："段

---

① 许慎：《说文解字》卷二，口部。
② 司马迁：《史记·儒林列传》。
③ 崔适：《史记探源》，中华书局，1986 年 9 月第 1 版，第 224 页。
④ 参见《晋书·刑法志》。
⑤ 《唐律疏议》卷一。

干木阖门不出，魏文式之。却强秦之兵，全魏国之境，济三军之众，功莫大焉，赏莫先焉。"《三国志·魏志》卷二二："（魏）诏曰：'昔干木偃息，义压强秦。'"可知段干木同样是一位事功的法家人物。关于吴起的师承，《史记》称学于子夏，《吕氏春秋》称学于曾子。考察吴起的生平活动，历事鲁、魏、楚三国。盖其先师事曾子，居魏后师于子夏。前已言明，曾子的主要思想以忠、恕、孝道为主。但吴起母死不奔丧，历侍三国，忠孝之伦，恐怕无从谈起。而他居魏、楚两国以后，进行法家式的改革，无疑与子夏的授业有关。

前期法家除申不害、慎到外多受到子夏的影响，而子夏的弟子尤其是后期在西河所收弟子也多为法家人物，这与子夏本人的思想不无联系。首先，子夏思想中原本就具有事功的成分。"子夏为莒父宰，问政。子曰：'无欲速，无见小利。欲速则不达，见小利，则大事不成。'"[1]孔子劝诫子夏不要急于求成，不要见小利，因小失大，这是对子夏急于事功的委婉劝告。其次，子夏对于法家"法""术""势"中的"势"也十分看重。"子夏之说《春秋》也：'善持势者，蚤绝其奸萌。'"[2]证明其本人的思想中产生了法家的一些成分。其三，他对前期弟子要求"正其衣冠，齐其颜色，嗛然而终日不言"，本身就是法家的作风。所以，其弟子之中多为法家人物，应该是不足为奇的。

4. 外向演进结果之三：荀子与后期法家

相对于前期法家受到儒家学者的影响，后期法家受到儒家的影响似乎更大。盖因为后期法家的两位集大成者，李斯和韩非都出自荀子之门。

关于李斯受业于荀子应该并无太大争议，《史记·李斯列传》称其"从荀卿学帝王之术。学已成，度楚王不足事，而六国皆弱，无可为建功

---

① 《论语·子路第十三》。

② 韩非：《韩非子·外储说右上第三十四》。

者，欲西入秦"。这同荀子认为秦国"佚而治，约而详，不烦而功，治之至也"①的观念是一脉而承的。其"夫贤主者，必且能全道而行督责之术"则来源于荀子"道存则国存，道亡则国亡"以及利用便嬖左右者对人臣进行监督，"便嬖左右足信者然后可，其知慧足使规物、其端诚足使定物然后可"的思想②。《荀子》中多记李斯与荀子的师生之对③，而李斯在"百官长皆前为寿，门廷车骑以千数"的时候，还会想起荀卿"物禁大盛"的教导。不但可见二人的师承，更可见得其受荀况学说的影响之大。

韩非被认为是荀子的弟子同样源于《史记》。《史记·老子韩非列传》载韩非"与李斯俱事荀卿，斯自以为不如非"。钱穆《先秦诸子系年》推测韩非的生年为公元前280年，前提是韩非与李斯俱事荀子，所以应该年龄相当。④但事实上，没有任何证据表明李斯与韩非的年纪相仿，而同门之间具有很大年龄差异的例子亦不在少数。如孔门弟子之中，颜路小孔子六岁，而公孙龙比孔子小五十三岁。其中父子同事一师的有之，除颜路、颜回父子外，尚有曾点与曾参等。故仅以李斯、韩非同事一师，证明其年龄相当，未免缺乏说服力。

陈千钧《韩非新传》则通过《韩非子》书中堂谿公一人推算出韩非当生于公元前295年前后。因堂谿公曾与韩昭侯论"术"，又曾与韩非谈论"法术"。韩昭侯前358年至前333年在位，假使堂谿公最为年轻（20岁）时与韩昭侯论术，最年老时与20岁的韩非论"法术"，则韩非的年龄最晚不应晚于公元前295年。⑤又其与李斯共事荀子，李斯学成

---

①　荀况：《荀子·强国》。

②　荀况：《荀子·君道》。

③　荀况：《荀子·议兵》。

④　钱穆：《先秦诸子系年》，《钱宾四先生全集》第五卷，联经出版事业股份有限公司，1998年5月第1版，第551页。

⑤　陈千钧：《韩非新传》，陈志坚主编《诸子集成》第四册，北京燕山出版社，2008年1月版，第209页。

方离楚，则韩非跟随荀子必学于楚国。荀子被楚春申君聘为兰陵令，事在春申君相楚八年（公元前 255 年）。中途受黜，再应春申君招请，事在公元前 253 年。韩非师事荀子当在此时。其时，韩非年四十余。这就意味着，韩非在入荀子之门以前，已经具有一定的法家思想基础。至少，其年轻时受到过堂谿公的"法术"思想的影响，也受到在韩国影响巨大的申不害的学说影响。所以，在荀子成为韩非的老师之前，韩非就已经具备了一些法家思想的基础。

而在拜荀子为师以后，韩非受到荀子"性恶"学说，以及"隆礼重法"等思想的影响，逐渐发掘人性为恶的一端，并提出解决的办法。"人为婴儿也，父母养之简，子长人怨。子盛壮成人，其供养薄，父母怒而诮之。子父至亲也，而或谯或怨者，皆挟相为而不周于为己也。"[①]以父子之亲尚且谯怨，何况于君臣。故韩非提出"君以计畜臣，臣以计事君。君臣之交，计也"。[②]因而建议，君主应该掌握刑德二柄，"释其刑德而使臣用之，则君反制于臣矣"。[③]事实上，韩非重视"势"与"法"在很大程度上与其对人性的洞察有关，而这正是针对荀子"性恶"等学说的。

从子夏对前期法家的影响以及荀子对后期法家的影响来看，我们发现法家诸子没有在事实上的师承关系（商鞅受到李悝的影响，但从时间上来看，两人无法取得具体的师承关系），他们所师承，或对他们影响最大的往往是儒家的巨子。而在秦汉以后，中国历史上间或有法家思想家的产生，如诸葛亮、张居正等，他们都没有具体的法家老师，而是直接从儒家学者发展而来。所以，无论从源头上还是历史中来看，法家思想家无非是儒家思想家的一个变体。而就思想上而言，儒家思想中的礼

---

① 韩非：《韩非子·外储说左上》。
② 韩非：《韩非子·饰邪》。
③ 韩非：《韩非子·二柄》。

乐之治向前迈进即可成为法家思想中的礼法观念。法家与儒家的根本区别在于是否对于人与人之间爱的相信，儒家相信爱，所以相信仁爱，因此主张人治和德治；法家拒绝相信爱，所以相信律令，因此主张律治和势治。但法家相信的律令，不是现代意义上的法律，而只是集权统治者所制定的规则。所以法家最后依然回归于人治而终于与儒家同归。

5. 儒家八派与稷下黄老

道家学派虽然与儒家学派没有直接的师承关系，但同样受到儒家学者的影响。例如宋钘和尹文，二人虽然是道家的学者，但却是以调和儒墨的态度出现的。①《孟子》一书中有"宋牼"，《荀子》杨倞注："宋钘，宋人，与孟子、尹文子、彭蒙、慎到同时。《孟子》作'宋牼'，与钘同音，口茎反。"《孟子·告子下》言宋牼止秦楚构兵：

> 宋牼将之楚，孟子遇于石丘，曰："先生将何之？"曰："吾闻秦楚构兵，我将见楚王说而罢之。楚王不悦，我将见秦王说而罢之。二王我将有所遇焉。"曰："轲也请无问其详，愿闻其指。说之将何如？"曰："我将言其不利也。"曰："先生之志则大矣，先生之号则不可……是君臣、父子、兄弟去利，怀仁义以相接也，然而不王者，未之有也。何必曰利？"

孟子在书中尊称宋牼（宋钘）为"子"而自称为"轲"，可知宋钘的年纪至少应该长于孟子。"何必曰利"是孟子的老调。值得注意的是宋钘听闻秦楚构兵，就以不利于国去说服秦楚二王，可见其观念上是非战的。这同墨家非攻的观念一致。但孟子曾批评"墨氏兼爱，是无父

---

① 郭沫若：《十批判书·稷下黄老的批判》，中国华侨出版社，2008 年 2 月第 1 版，第 118 页。

也。无父无君，是禽兽也"。① 这里对宋钘使用尊称，应是其在同于墨子的非攻之外，对墨家的思想有所取舍，使其适应于儒家的思想主张。

《韩非子》《庄子》皆有"宋荣子"，王先慎《韩非子集解》认为"宋荣即宋钘，荣、钘，偏傍相通。《月令》：'腐艸为萤'，《吕览》《淮南》作钘。荣之为钘，犹萤之为蚈也。"② 《韩非子·显学》称宋钘："宋荣子之议，设不斗争，取不随仇，不羞囹圄，见侮不辱，世主以为宽而礼之。"《庄子·逍遥游》称其："举世誉之而不加劝，举世非之而不加沮。定乎内外之分，辩乎荣辱之境。"说明其思想中具有儒家所提倡的恕道的精神。

与宋钘同时，稷下黄老又有尹文。《汉书·艺文志》颜师古注引刘向云，尹文"与宋钘俱游稷下"，《庄子》《韩非子》等皆以宋、尹并提，可见二人至少是同一学派的人物。今传《尹文子》二篇，与《庄子·天下》颇为类似，因此郭沫若先生判断其为伪作③。又因二人同属稷下学宫，而稷下的作品多存在刘向辑成的《管子》一书内，参考《庄子·天下》对宋尹二人的记载，判断《管子》之中《心术》《内业》《白心》《枢言》等正是他们的遗作④。

考察《庄子·天下》，宋钘、尹文二人除了非战和宽恕之外，还宣扬平等，除去成见，称为"别囿"，又以苦行僧的方式，让弟子们虽在饥饿之中，也不忘怀天下之人。认为与其了解对天下无益的事，不如终止这件事。这就和墨子的功利主义相仿佛。因此也受到了荀子的批判。

---

① 孟轲：《孟子·滕文公下》。

② 王先慎：《韩非子集解》，中华书局，1998 年 7 月第 1 版，2003 年 4 月，第 2 次印刷，第 458 页。

③ 郭沫若：《青铜时代》，《郭沫若全集 历史编》第一卷，人民出版社，1982 年 9 月第 1 版，第 551 页。

④ 郭沫若：《青铜时代》，《郭沫若全集 历史编》第一卷，人民出版社，1982 年 9 月第 1 版，第 553—564 页。

6. 儒家八派对庄子的影响

庄子是继宋钘和尹文之后，道家另一位重要的人物，也是儒家的一位重要的反对者，他的思想也受到了儒家的影响。要证明这一观点，首先我们要了解庄子早年生活的地理环境和文化氛围。

关于庄子生活的地理文化环境，现存的资料很少。《史记·老子韩非列传》载："庄子者，蒙人也，名周。周尝为蒙漆园吏，与梁惠王、齐宣王同时。"司马贞《史记索隐》引刘向《别录》云"宋之蒙人也"。可知其故乡为宋之商丘。但宋国的漆园之吏竟能够与宋使曹商、魏惠王等攀谈[①]，并成为楚威王重礼迎聘的贤者[②]，便让人觉得有些不可思议。

更何况，《庄子》作为一部"汪洋辟阖，仪态万方，晚周诸子之作，莫能先也"[③]的文学著作，非有较高的思想和文化素质而不能。假使庄子在宋只是一位"处穷闾阨巷，困窘织屦，槁项黄馘"[④]的贫困者，是绝不可能具有如此之高的知识储备与文化素养的。颜世安《庄子评传》认为庄子的渊博知识和厌世情绪，可以证明其出身于没落的贵族之家。[⑤]杨义《庄子还原》则从姓氏起源的角度，通过《通志》《吕氏春秋》等著作的记载，认为庄子是楚庄王之后，并认为庄子先人因阳城君之难而逃离楚国，又因数代之后的和解而被威王返聘回国。[⑥]

杨义先生的考证可以说明庄子何以能凭漆园之吏的身份同宋、魏等国的达官贵族交往，也可以说明何以楚威王并不好贤，却千里迢迢到宋国迎回庄周。不过却无法说明庄子何以在威王迎回自己之前，以穷困的

① 参考《庄子·列御寇》《庄子·山木》。

② 参考《庄子·秋水》《史记·老子韩非列传》。

③ 鲁迅：《汉文学史纲要·老庄》，《鲁迅全集》第九卷，人民文学出版社，2005年11月第1版，第375页。

④ 庄周：《庄子·列御寇》。

⑤ 颜世安：《庄子评传》，南京大学出版社，1999年12月第1版，第9页。

⑥ 杨义：《庄子还原》，中华书局，2011年3月第1版，第13—17页。

生活就已经具有渊博的知识。

考察庄子的行迹，多以宋、楚、魏三国为活动的中心。他在楚国的时间大约在楚威王迎他回国之后，在魏国也属客居，这一点从他看望惠子，惠子大惊可以知道。庄子出生在宋国，对宋国上至贵族、下至百工的了解很深。有理由相信，他早期的生活即在宋地，受到的是宋国以及近宋诸国的影响。其出生地蒙县，在汳水以南十五六里①，大概在商丘一带，近魏、近楚，于鲁国曲阜相距亦不算远②。

考当时之私学，儒家在魏之西河有子夏一派，楚国近长江一带有子羽，鲁国有颜氏家族③。儒家的这几个派系在当时的影响甚大，庄子近于三国，不可能不受到他们的影响。而从《庄子》对儒家的批评当中，可以看到庄子本人对儒家的思想是非常了解的，甚至对其"内圣外王"等一些观念还抱有欣赏的态度。④并且在《天下》篇中，庄子首将六经冠于百家之首，称"《诗》以道志，《书》以道事，《礼》以道行，《乐》以道和，《易》以道阴阳，《春秋》以道名分"。其对于儒家没有一分为二的评论，足见其对儒家的重视以及对六经之学的认同。庄子对于儒家的创始人孔子及其最钟爱的弟子颜回更是抱有一种特殊的尊重，郭沫若凭此认为庄子出于颜氏之儒。⑤其论证未免武断，但不能否认，这应该是庄子早年受到居于鲁地的颜氏之儒影响的缘故。

事实上，庄子对于齐鲁一带的文化和传说甚为熟悉。《逍遥游》中的鲲鹏之说引自《齐谐》，过去被认作这是庄子的托词。而实际上，《晏

---

① 郦道元：《水经注》卷二十三。

② 谭其骧：《中国历史地图集》第一册，中国地图出版社，1982 年 10 月第 1 版，1996 年 6 月第 3 次印刷，第 39—40 页。

③ 司马迁：《史记·儒林列传》。

④ 庄周：《庄子·天下》。

⑤ 郭沫若：《十批判书·儒家八派的批判》，中国华侨出版社 2008 年 2 月第 1 版，第 102 页。

子春秋》中也有同样的记载^①。晏子是齐国相，他引用的传说，很有可能出自《齐谐》等著作，与庄子运用的是齐鲁一带的同一文化典故。而齐国的彭蒙、田骈等的"贵齐"思想很有可能就是庄子"齐物论"思想的来源。

庄子的思想中重儒而体道，很可能是早年受到儒家的影响，后来又受到道家影响的结果。盖其落魄之时，只能就私学，从儒家弟子之众；归楚以后，就官学，与贤人游，才可以接触到道家思想。这也是何以庄子是"宋国人，他的思想却接近楚国人"^②的原因所在。

五、儒家八派的统一

1. 余音：秦汉以降儒学述略

自孔子去世后，他的弟子分为数派，儒家思想传播天下，产生了广泛的影响。儒家思想不但直接催生出墨家与法家，甚至影响到道家诸子。而到了战国末期，秦始皇重用法家学者，儒家学者开始走向边缘化和神秘化。这一时期产生了谶纬学说，将六经演绎成纬，并赋予其神秘色彩。这一点从董仲舒的《春秋繁露》上还有《求雨》《止雨》《祭义》等篇目可知。所以秦始皇因侯生、卢生之案牵连诸生，"诸生传相告引，乃自除犯禁者四百六十余人，皆坑之咸阳"^③。有学者强调此非坑儒，而是坑术士。却不知当时儒家早已神秘化，在法术和求仙上实与术士无二。

秦亡以后，汉初以黄老之学为治。及至汉武帝刘彻，复遵董仲舒之

---

①　参见晏婴：《晏子春秋·外篇下》。

②　朱自清：《经典常谈·诸子第十》，上海古籍出版，1992 年 12 月第 1 版，第 70 页。

③　司马迁：《史记·秦始皇本纪》。

言，罢黜百家、独尊儒术。但这种尊崇不过是名义上的，而事实恰如汉宣帝对汉元帝解释的那样："汉家自有制度，本以霸王道杂之，奈何纯任德教，用周政乎？"① 明确指出了汉代的政治阳儒阴法的本质。不过，正因为自汉武帝将儒家定为一尊以后，历代的统治者都因循了这种方式，将儒学的地位日益抬高。儒学遂作为官方意识形态而被后代的知识分子们学习和接受，并走向了专一化、官方化的道路。

具体说来，汉代儒家学者以董仲舒的思想为最重。其所著《春秋繁露》和《天人三策》中，不仅具有荀子隆礼重法、刑德兼用的理论，而且还具有一定的墨家思想，如其主张天志、尚同；也吸取了一些阴阳家思想，为儒家开辟了新的道路。《汉书·五行志》言："董仲舒治公羊春秋，始推阴阳，为儒者宗。"即是谓此。

到了东汉末年，儒学渐渐走向僵化，成为伪君子们沽名钓誉的工具，《抱朴子·外篇》引当时民谣："举秀才，不知书；察孝行，父别居。寒清素白浊如泥，高第良将却如鸡。"② 玄学乘此以兴，"越名教而任自然"③。但东汉六朝时期的玄学不过起到一个调和儒学的作用，而儒学的统治地位不变，唐代孔颖达编纂《五经正义》，正是对这一时期儒学家们思想的继承和延续。

到了宋代，理学过分地强调伦理道德和个人修养。朱熹甚至提出"圣贤千言万语，只是教人明天理、灭人欲"④ 的主张，而程颢、程颐兄弟更是提出灭绝人性的观点："饿死事极小，失节事极大。"⑤ 对私德苛求，将道德狭隘化，禁锢人权，灭绝人欲。完全忘记了先秦荀子"人之

---

① 班固：《汉书·元帝纪》。
② 葛洪：《抱朴子外篇·卷二·审举第十五》。
③ 嵇康：《释私论》，《嵇康集》鲁迅整理本，第六卷，《鲁迅全集》第九卷，人民文学出版社，1973 年 2 月版，第 87 页。
④ 朱熹：《朱子语类》卷四。
⑤ 程颢、程颐：《二程全书·遗书二十二》。

情为欲多而不欲寡"①的教导，以禁欲主义和狭隘的道德观念走向了先秦儒家的反面。幸明代王阳明继承陆九渊心学之说，将人性从理学的禁锢中解脱出来。稍后的思想家李贽则干脆指斥六经、《语》《孟》早已成为了"道学之口实，假人之渊薮"②。清代戴震同样对朱熹天理人欲之说进行抨击。但李贽坐犯论死，戴震终生不得志。加之清代文字狱深，学者不得不转向相对安全的小学。所以有清一代音韵、训诂、文字之学颇多发展，而儒学本身的进步却与历代相比略有欠缺。19世纪中叶以后，西方思潮开始逐渐渗透，中国儒学也受到了一定的冲击。新中国成立以后，又受到"反右""文革"等政治运动的影响，儒学在相当的时间内失去了发展。时至今日，始复重视国学，对儒学重新认识与研究，中国传统文化也开始有了复兴之势。

2.疑云：《论语》成书的过程

纵观两千多年的儒学历史，其源头不过孔子一人。而孔子的思想则最集中体现在《论语》一书中。关于这部书的编纂者我们知之甚微。笔者认为，《论语》一书绝非一人、一时编纂成功的，而是经历了复杂的学术派系之争的逐渐累积、修订的结果。美国的汉学家白牧之、白妙可夫妇在其1998年出版英译本《论语》，即在《论语辨》（The Original Analects）中提出了《论语》的层累说。白氏夫妇认为《论语》不是一个简单收集的孔子语录，而是孔门弟子逐渐书写和增补的文本，这个过程用时很长，大约经历二百年之久。

白氏夫妇指出：宋代的胡寅《论语详说》中提出上论和下论之说；日本学者伊藤仁斋认为后十章较长，应该属于后来的增补；崔述《洙泗

---

① 荀况：《荀子·正论》。
② 李贽：《童心说》，《焚书》卷三。

考信录》则提出《论语》后十章晚出，而"惟其后五篇多可疑"①。英国汉学家阿瑟·韦利同意崔氏的观点，并认为第三到九章属于早期《论语》。白氏则认为第一、第二、第十三章属于次早的《论语》。这样就将崔述的两分结构再度分化，成为四层结构，即以三到九章为核心，以一、二、十章为次层包围，十一至十五章为第三层包围，十六至二十层为外壳。②

由于笔者对白氏夫妇及阿瑟·韦利著作的缺失，不能知道其判断的标准究竟如何。但考察《论语》原文，我们不难发现，《论语》之中对孔子的一些弟子使用尊称，可知其应出于孔子的再传弟子之手。这些使用尊称的情况可以列表如下：

《论语》中使用尊称情况一览表

尊称	出现篇目	出现次数
有子	1.学而篇	三次
曾子	1.学而篇	二次
	4.里仁篇	二次
	8.泰伯篇	八次
	12.颜渊篇	一次
	14.宪问篇	一次
	19.子张篇	五次
闵子	11.先进篇	一次

这些章节当中如《里仁》《泰伯》都数次提到曾子，并且曾子以孔子传人的姿态出现，这两章应是曾子的后学编订无疑。《子张》记曾子凡五次，子张凡六次，子游三次，子夏十四次，以子夏的出现次数为最

---

① 崔述：《洙泗考信录》卷二。

② Warring States Publications——The Original Analects, E Bruce and A Taeko Brooks, Columbia, 1998.

多。但子夏往往以子游和子张的论敌的姿态出现，而曾子本身却在其中自说自话，起到一定的调和作用，由此可知，《子张》的制定者依然是曾子的后学。

《学而》中虽称"有子"三次，但这无疑与他作为孔子之后儒家领袖的地位有关，加之《学而》为全书首篇，开宗明义，需要确定领袖的地位，所以屡次以"有子"称之，并不算奇特。而在本篇中，从未做过儒家领袖的曾子竟然也被提到两次，孔子的得意门徒颜渊和子路却一字也未提到，则我们可以知道，在编订者的眼中，曾子的地位是仅次于孔子和有子二位的。所以这一篇的编订者仍然是曾子的后学。曾子的后学能够编订全书的首章，证明他们在《论语》编订的过程中已经获得了决定性的地位。《先进》中仅提到闵子一次，但提到闵子骞有三次之多。全书一共五处六次提到闵子骞，仅《先进》一篇就有四处提到四次之多。可见这个篇目的编订应该是闵子的后学所为。

《颜渊》虽然也提到曾子，但其中称有子为"有若"。在先秦时代，直呼其名是对对方极大的不敬。曾子以孝、恕为教导，他的门生自然不会为此之事。但其中又提到曾子之名，则可以知道这一派应该是反对有子而亲密曾子的。应该以子张或子游的派别为是。但子游未有门徒，本章凡称子张者五次，所以应该是子张的门徒所编订。与此篇属于同类的还有《为政》和《尧曰》。《尧曰》应属于儒家经典文本的汇编，但三则之中竟然让孔子与子张的对答占去大半，明显是要抬高子张一派的地位，所以这一篇的编纂者必是子张的门徒无疑。

《宪问》祖述孔子的授课内容，提到子路达七次之多，俨然是孔子授课后子路的学记。但子路逝于孔子之前，从文献中看不到他有门人的记载。更加之《宪问》中多不称"子曰"，而称"孔子曰"，很有正本清源的意思，所以这一章有可能是鲁国的儒家学者宗于孔子者的记载。《季氏》专记孔子言，其强调"孔子曰"与《宪问》相同，《乡党》记孔子行，皆应属于来自同一学派的记载。根据前两篇中对孔姓的过分强

调，似乎是在标榜编纂者的正统身份。所以此三篇的制定者应该是孔子
之孙子思的门人。

《八佾》《公冶长》《雍也》三篇记载孔子对时人或弟子的评价，要
做出这三章来，非亲历当时，与孔子及其弟子有密切关系的人不可。察
孔门弟子之中，唯子贡好"方人"，所以这三篇应该属于子贡一派学者
的记载。但由于其在孔门弟子之中出局最早，所以这一部分应是最早完
成的部分，也就是《论语》的核心。《述而》《子罕》记录孔子言行，描
述孔子为人，这两个章节也非与孔子密切者不能。儒家八派之中，唯有
颜回与孔子的关系最为密切，最有可能记载孔子的一言一行式的起居
注。颜渊二十九岁，逝于孔子之前，所以这两篇也属于《论语》的核
心。《微子》写隐士，与颜回自比于舜的骄傲和宽民的主张相吻合，加
之《庄子》多尊隐士，而其中也多尊颜回，可知颜回与这样的隐逸人物
至少是有些共性的。所以《微子》一篇的作者若非颜回本人，也必然是
颜氏一派的后学了。

《子路》《卫灵公》《阳货》三篇，记载孔子的为政理念和与政治人
物的对答，有志于此的当属漆雕氏之儒。漆雕开之子漆雕凭曾历事臧文
仲、武仲及儒子容三位大夫，孔子称其为君子[①]。所以这三章内容应该是
漆雕凭及其后学整理而成。

以上我们梳理了《论语》的成书过程和各篇与七十子后学的关系，
可整理列表如下：

《论语》篇目的编订者及编订时间表

篇目	编订者师承	时间
学而第一	曾子	早期
为政第二	子张	

---

① 《孔子家语·好生第十》。

续表

篇目	编订者师承	时间
八佾第三	子贡（亲记）	
里仁第四	曾子	
公冶长第五	子贡（亲记）	
雍也第六	子贡（亲记）	
述而第七	颜渊（亲记）	早期
泰伯第八	曾子	
子罕第九	颜渊（亲记）	
乡党第十	子思	
先进第十一	闵子骞	
颜渊第十二	子张	
子路第十三	漆雕凭	后期
宪问第十四	子思	
卫灵公第十五	漆雕凭	
季氏第十六	子思	
阳货第十七	漆雕凭	
微子第十八	颜渊	晚期
子张第十九	曾子	
尧曰第二十	子张	

儒家八派以斗争始，以调和终，是可谓殊途而同归。

贰 名家学派发生浅论

一、名家学说之发生

在先秦诸子之中，原没有名家一说。《荀子·非十二子》为当时诸子分类，将惠施与邓析并提，却没有标明二人所共同的主张，更没有提到"名家"一词。《庄子·天下》在叙述先秦学术派别之时，依然没有将名家作为一个独立的学派加以介绍。在先秦时代，多将名家学派称为"形名家"或"辩者"。从现存的资料来看，最早记录"形名之家"的文献是刘向所编《战国策·赵策》："夫形名之家，皆曰白马非马。""白马非马"是名家诸子中公孙龙的成名之论。公孙龙为赵人，他的学说在赵地影响很大，以致受到当时"战国四公子"之一的平原君的厚待①。

但白马之说在先秦后期渐为公孙龙所专有，这里苏秦将形名之说同于白马非马，无疑是受到了公孙龙学说的影响，将形名之家狭隘化了。所以苏秦所言"形名之家"与后来所统称的"名家"学派并非同一概念。迄至司马谈作《论六家要旨》，分诸子为：阴阳、儒、墨、名、法、道德，"名家"学派的说法才开始产生。刘向《别录》以及班固《汉书·艺文志》都沿用了这种说法。《汉书·艺文志》记载名家诸

---

① 《史记·平原君虞卿列传》。

子七人：邓析、尹文、公孙龙、成公生、惠施、黄疵、毛公。七人各有著作。及至唐代，魏征编纂《隋书·经籍志》时，名家诸子著作只剩下邓析、尹文两家，而这两家现在也只剩下不可尽信的残本。公孙龙的著作，后来在《道藏》中找到，即世传之《公孙龙子》；惠施著作虽然不存，但他的思想散见于《庄子》《荀子》《吕氏春秋》等多书之中。其余三位的著作和思想由于文献的不足，便无从查考了。

关于名家学派的发生，实际上非常偶然。考察春秋时期，并没有这样一个学派，也很少有以辩论为学术学说的思想家群体。这一学派的产生与战国初期的一次学术大分裂有关。按《韩非子·显学》："孔、墨之后，儒分为八，墨离为三，取舍相反不同，而皆自谓真孔、墨。"儒墨两家是春秋末期至战国初年的显学，门生之广，遍布天下。及孔、墨二子先后逝世，他们的门徒由于思想观念不同，因此走向了不同的学术道路，互相争辩。这样争辩的结果，一是逐渐衍生出了儒、墨两家的子学派，二是产生了以辩论为主要方式的新的职业和思想群体。这一群体也就是后来名家学派的发源。

名家学派发生的偶然性和不得已在《孟子》一书中记载最为明确。《孟子·滕文公下》："公都子曰：'外人皆称夫子好辩，敢问何也？'孟子曰：'予岂好辩哉？予不得已也。'"由于这种不得已的学术辩论必会牵涉学派宗旨、学派根本的内容，所以参加辩论的诸子不得不从学派最原始的名实关系上做出解释。《墨子》一书中《经上》《经下》两章阐述学派的学术名词，应该就是对名实关系进行解释的产物。随着争论日久，学者对物质的名实有了新的理解，也就脱离了原始的名实关系，从而进行更为抽象而深入的探讨。《管子·宙合》曰："夫名实之相怨久矣，是故绝而无交。慧者知其不可两守，乃取一焉，故安而无忧。"名家学派也正是在这样的背景下生发而来的。

但因为名家诸子最初的思想来源不同，具有一定的差异，所以他们的见解和理论也各不相同。有学者将名家学派分作三派，称来自道家的一派为"无名学派",来自儒家的一派为"正名学派",而将来自墨家的一派称为"立名学派"①。但事实上,产生名家的远不止儒道墨三家,三家也并不完全以无名、正名或立名为宗旨。所以这样的划分未免有失科学。正确的分法是,溯源诸子学说宗法,直接称为"儒家名辩者""道家名辩者""墨家名辩者"等。如《墨子》《荀子》中屡次提及的告子,应是儒家名辩者的代表。宋钘、尹文属于墨家一派。《齐物论》的作者则属于道家的一派。

但这些派系并不意味着名家就是儒、墨或道家的附庸。因为随着学术辩论的进行,辩论者早已渐渐脱离了原始的宗派,从而产生出一种以辩论为目的的独立的思想者与知识分子群。这些知识分子们讲究辩论的技巧,兼有儒、墨、道家的思想,成为真正独立的逻辑辩论者,这也就是真正的名家。虽然名家学者们还不能完全脱离所宗法一派的思想主张,但却已经可以以辩论为目的兼容各派的思想,所以其本身也受到了广泛的接受。这也就是何以孟子在大骂墨子的同时,对受墨家影响的宋钘等人表示尊重的缘故。至于公孙龙的出现,则兼有调和儒、墨、道三家之意,成为名家学派之集大成者。以下则分而论之。

二、名家学者之派系

1. 墨家之辩者

在先秦诸子中,墨家与名家的关系最近,以致许多学者将名家视作墨家的别派。西晋时鲁胜曾注解《墨辩》,著《刑名》,今其书已佚。《晋书·隐逸传》录其为所注的《墨辩》所写的序文,称"墨子著书,

① 朱前鸿:《先秦名家四子研究》,中央编译出版社,2005年12月第1版,第40页。

作《辩经》以立名本，惠施、公孙龙祖述其学，以正别名显于世"。① 将《墨经》的作者视为名家，而将惠施、公孙龙作为祖述墨家的学者。近人梁启超、胡适也有类似的观点。梁启超认为："惠施公孙龙，皆所谓名家者流也，而其学实出于墨。《墨经》言名学过半，而施、龙辩辞，亦多与经出入。"② 胡适则言："此文（引者案：指《庄子·天下》）的'辩者'，乃是公孙龙的前辈，大概也是别墨一派……后来公孙龙便从这些学说上生出他自己的学说来。"③

在更早的时候，学者就将名家诸子与墨家学者混同起来。《荀子·非十二子》将宋钘与墨翟划为一派，盖因宋钘制止秦楚构兵④，这种观念与墨子非攻的观念相近。但在事实上，"孙卿道宋子，其言黄老意"⑤，《汉书·艺文志》名家有《尹文子》一篇，颜师古注引刘向曰："与宋钘俱游稷下。"可知宋钘与尹文二人受到稷下黄老之学的影响更大。又《荀子·解蔽》将惠施与墨子对举。而惠子却与庄子思想接近，也属于受道家影响的一派。

不过，学者们将名家诸子与墨家学者混同并非是完全没有道理的。如名家之中，公孙龙讲坚白论，墨家有"白马名白，视马不名视，白与视也""不坚白，说在无久与宇"⑥ 等论，兒说、公孙龙等一些名家学者的论点正出于此。此外，除宋钘止秦楚构兵以外，公孙龙也曾先后劝燕昭王、赵惠王等偃兵⑦，虽然不能以此证明这些学者是墨家的后学，但可以确信的是名家学派中有相当一部分学者是受到墨家思想影响的。

---

① 房玄龄：《晋书·列传第六十四·隐逸传》。

② 梁启超：《墨子学案·附录·墨者及墨学别派》，商务印书馆，1923 年 10 月第三版，第 165 页。

③ 胡适：《中国哲学史大纲》，上海古籍出版社，1997 年 12 月第一版，第 170 页。

④ 《孟子·告子下》。

⑤ 《汉书·艺文志》班固自注。

⑥ 《墨子·经下》。

⑦ 参见《吕氏春秋·审应览第六》之《应言》《淫辞》《审应》诸节。

而墨家学者之中也不乏成为名家者，虽然我们无法考证他们的名字，但现存的《墨辩》六篇正是属于这一派学者的作品。其中，《经上》一章完全是字典式的解说，利用简单的语言做出对名物的阐释。《经说上》是对《经上》的解释，相当于儒家的传至于经，《韩非子》中的说之于经。由《经上》到《经说上》可以看到墨家的辩者一派（《庄子·天下》称为"别墨"）由定名而释名、再到别名的过程。开始对事物进行本质上的探讨。这一篇目的作者，大约是《经上》作者的后学。

《经下》与《经上》的结构大体相同，不同的是《经上》多是对于具体的名词做出阐释，而《经下》则偏重于对具体的自然现象的解释，并且开始出现具体的名学观点。如其言："火不热，说在睹。"《经说下》对此的解释是："火，谓火热也。非。以火之热，我有若视日。"与《庄子·天下》所提及名家诸子论辩中的"火不热"殊为类似。又《经说下》："牛不二，马不二，而牛马二。则牛不非牛，马不非马，而牛马非牛非马，无难。"则与《公孙龙子》中"羊合牛非马也"的观点类似。这些都足以说明《墨辩》六篇开始脱离传统的墨学观念，逐渐产生系统的名家论题与名家思想。

而《墨子·小取》则是一篇系统、完整的名学的论文，从辩论的目的、方法、原则等方面阐述了辩论的要旨，也意味着别墨的名辩思潮开始系统化、科学化。别墨学者也开始从墨家脱离，此后更是抽象独立为名家，成为独立的一派。

2. 儒家之辩者

儒家也是产生辩者的学派，这些辩者产生的原因与墨家辩者产生的原因相同。《庄子·齐物论》直言："道隐于小成，言隐于荣华。故有儒墨之是非，以是其所非而非其所是。欲是其所非而非其所是，则莫若以明。"可知是由观点的不同而产生学派的辩者。

《春秋·僖公十六年》："春,王正月。戊申,朔,陨石于宋,五。是月,六鹢退飞,过宋都。"《公羊传》释曰:"曷为先言陨而后言石?陨石记闻,闻其磌然,视之则石,察之则五。"《穀梁传》则曰:"先陨而后石何也?陨而后石也。于宋四竟之内曰宋。后数,散辞也。"这里对先闻后视、先视后察的区别与后来名家"离坚白"的观念很是接近。

此外,我们不再有任何直接的资料可以证明儒家产生了辩者,并且也缺乏如《墨辩》六篇那样的存世文献用来探究儒家一派辩者的思想和观念。不过,这并不意味着在历史上儒家没有名辩一派的文献存在。《晋书·束皙传》记载:"初,太康二年,汲郡人不准盗发魏襄王墓,或言安釐王冢,得竹书数十车……(中有)《名》三篇,似《礼记》,又似《尔雅》《论语》。"其书名《名》,而又似《尔雅》为概念做出解释。可见这就是同《墨子》中《经上》《经下》诸篇对应的,儒家逻辑、解释名物的书籍。

关于儒家的辩者,《孟子·告子上》中有告子一人,与孟子进行人性之辩,认为"性犹湍水也,决诸东方则东流,决诸西方则西流。人性之无分于善不善也,犹水之无分于东西也"。《墨子·公孟》中也有告子,有治国之能,曾批评墨子口谈仁义而行为不端。墨子的门人请求墨子与告子绝交,墨子回复门人的评论时,同样称呼对方为"告子"。所以墨子与告子的年龄应该相仿,甚至告子的年龄更为长些。又按钱穆《先秦诸子系年》,墨子生于公元前480年,孟子生于公元前390年[①],两者相差九十岁,若告子与墨子年龄仿佛,则必然难同孟子直接发生辩论。何况从孟子与告子辩论的语气来看,二者应该同龄,甚至告子年纪稍后于孟子。所以《墨子》《孟子》之中的告子应非一人,而可能的结果是两位告子可能属于同一家族,与孟子辩论的告子是与墨子辩论的告

① 钱穆:《先秦诸子系年·附诸子生卒年世先后一览表》,河北教育出版社,2002年1月版,第619—620页。

子的了孙，并在后者那里传得了家学。

告子讲仁、善治国为政，应属于儒家的一派。考察儒家学者之中有漆雕氏一派，与告子的观点相类。王充《论衡·本性篇》载告子言性有善有恶。此与漆雕开的人性观相同。基于此，笔者认为"告"字即"漆雕"二字的合音，告子亦即漆雕氏族人①。

而在后期的名家学者中，公孙龙是非常亲近儒家一派的辩者。《庄子·秋水》载："公孙龙问于魏牟曰：'龙少学先王之道，长而明仁义之行。'"可知公孙龙其人早年曾受到儒家学派的影响。今本《公孙龙子》六篇，多叙述儒家正名之道，《迹府》："欲推是辩，以正名实而化天下焉。"即注重正名，从而达到教化的意义，注重其社会功用。而其《名实论》中赞美明王审定名实，称："至矣哉，古之明王！审其名实，慎其所谓。至矣哉，古之明王！"则更是将名实关系与明王的教化联系起来。

正是由于这些缘故，所以颇有学者疑战国公孙龙实则与《史记·仲尼弟子列传》中孔子弟子公孙龙（字子石）为同一人。胡道静《公孙龙子考》对此提出了批判："按：《史记·仲尼弟子列传》，龙字子石，《家语》以为卫人，郑玄又以为楚人，已莫知其真，追论岁月，绝非赵之辩坚白同异者也。龙少孔子五十三岁，《年表》，孔子卒于鲁哀公之十六年，是岁周敬王十四年也。龙年二十一岁；至周赧王十七年，是岁赵惠文王元年，封公子胜为平原君，居孔子卒时已一百七十年矣，龙若尚在，当一百九十八岁，得无为人妖欤？"②又郭沫若《青铜时代》以《仲尼弟子列传》中公孙龙为公孙尼之误，"龙是字误，因有后来的公孙龙，故联想而致误。尼者泥之省，名泥字石，义正相应"。③

---

① 详参本书《孔门弟子的分裂与儒家八派的形成和演进》一文。

② 胡道静：《公孙龙子考》，台湾商务印书馆，1970 年 8 月版，第 8—9 页。

③ 郭沫若：《青铜时代》，中国人民大学出版社，2005 年 2 月版，第 140 页。

无论如何，公孙龙受到儒家的影响是不可否认的事实。但他的正名观念也与儒家的正名理论有所不同。儒家学者之所以重名，乃是作为一种行政手段，因为儒家学者相信"政者，正也"①，正名之所以被重视是因为其在伦理方面具有重要的价值。孔子说："名不正，则言不顺；言不顺，则事不成；事不成，则礼乐不兴；礼乐不兴，则刑罚不中；故君子名之必可言也，言之必可行也，君子于其言，无所苟而已矣。"②正是这个道理。而自孔子殁后，他的门徒分为八派，正名理论也开始向两路发展：一路是发展而成为儒家的解释者，即后来许慎《说文解字》中小学的一派；另一路是稍后发展而成的名家的纯名理，并影响到公孙龙等后来名家的学者。公孙龙及后来的亲近儒家一派的名家学者与传统的儒家学者的正名不同，他们的正名实则是重名，是以名在学理方面的意义为重，他们所谓的明王教化也仅在于审名定分而已。这是我们区分儒家与亲儒的名家学者的过程中所务须注意的问题。

3. 黄老之辩者

道家学派的辩者当首推杨朱，其次为宋钘和尹文。关于杨朱的生平和思想，现存的材料甚少，且无与他同属一个学派或直接与他相关学派的作品存世。《庄子·骈拇》将杨朱与墨子对举："骈于辩者，累瓦结绳，窜句游心于坚白同异之间，而敝跬誉无用之言词非乎？而杨墨是已。"《孟子·滕文公下》："杨朱、墨翟之言盈于天下，天下之言，不归杨则归墨。"墨子擅长言辩，而将杨朱与墨翟并列言之，称其"言盈于天下"，恐怕杨朱也擅长此道。孟氏又以"距杨墨，放淫辞"为自己的志愿，可以作为杨墨二人曾大放厥词的旁证。

宋钘和尹文是战国中期的思想家。《汉书·艺文志》中小说家列有

---

① 《论语·颜渊》。
② 《论语·子路》。

《宋子》十八篇，下注："孙卿道宋子，其言黄、老意。"又名家有《尹文子》一篇，下注："说齐宣王。先公孙龙。"颜师古注曰："刘向云：与宋钘俱游稷下。"可见二人是战国中期稷下黄老一派的学者。宋钘的专著今已不存，尹文的著作，今有托名《尹文子》，分《大道上》《大道下》二篇。其《大道上》有一辩题："语曰：好牛。又曰：不可不察也。'好'则物之通称，'牛'则物之定形。以通称随定形，不可穷极者也。没复言'好马'，则复连于马矣，则'好'通于无方也。设复言'好人'，则彼属于人也，则'好'非'人'；'人'非'好'也。则'好牛''好马''好人'之名自离矣。故曰名分不可相乱也。"伍非百认为"此为公孙龙《白马论》之先声。'好非人，人非好'，为'形非色，色非形'之论式取资"[①]。伍非百的结论建立在将《尹文子》的学说与尹文的学说混同起来的前提下，而事实上，没有任何证据表明公孙龙的白马非马理论产生于《尹文子》中的"好非人，人非好"的结论之后。

《庄子·天下》记载宋钘和尹文的学说：

不累于俗，不饰于物，不苟于人，不忮于众，愿天下之安宁以活民命，人我之养，毕足而止，以此白心。古之道术有在于是者，宋钘、尹文闻其风而悦之。作为华山之冠以自表，接万物以别宥为始。语心之容，命之曰"心之行"。以聏合欢，以调海内。请欲置之以为主。见侮不辱，救民之斗，禁攻寝兵，救世之战。以此周行天下，上说下教。虽天下不取，强聒而不舍者也。故曰：上下见厌而强见也。虽然，其为人太多，其自为太少，曰："请欲固置五升之饭足矣。"先生恐不得饱，弟子虽饥，不忘天下，日夜不休。曰："我必得活哉！"图傲乎

---

①　伍非百：《中国古名家言》，中国社会科学出版社，1983 年 1 月版，第 479 页。

救世之士哉！曰："君子不为苛察，不以身假物。"以为无益于
天下者，明之不如已也。以禁攻寝兵为外，以情欲寡浅为内。
其小大精粗，其行适至是而止。

其中提到"白心""心之行"等词汇，应该为宋、尹一派的术语。
由于宋、尹二人曾驻于稷下学宫，当时稷下学者的著述多保存在刘向所
辑之《管子》之内。对照《庄子·天下》，今本《管子》之中《心术》
《内业》《白心》等篇，应该就是宋、尹一派的遗文①。《心术》一篇言心
在人体之中，处在人君的位置，五官九窍就像百官分治。"心处其道，
九窍循理。嗜欲充益，目不见色，耳不闻声。"所以应该虚欲求神、正
形精中。《内业》篇的内容与《心术》下篇类似，强调"形不正，德不
来。中不静，心不治"。《白心》讲"洁其宫""虚其欲""情欲寡浅"，
这些都是强调人心的重要以及寡欲的作用。开拓人心，脱于所围，故
称为"别宥"。而"语心之容"，论心之所由，则可谓"心之行"。《汉
书·礼乐志》："夫民有血毛心知之性，而无哀乐喜怒之常，应感而动，
然后心术形焉。"颜师古注："术，道径也；心术，心之所由也。"故
"心术"二字也就是"心之行"。

宋钘、尹文二人虽然属于稷下黄老一派，却是作为调和一派的态
度出现的。他们的别宥学说一方面可以推广到相爱无别，推广称兼爱；
另一方面却也可以内化成为一种齐物的观念，物齐所以不必有欲，可以
白心，又偏向于老子的学说。因为其兼爱，所以其非攻，因此他们"救
民之斗，禁攻寝兵，救世之战。以此周行天下，上说下教"，因为无欲，
所以他们无所荣辱、无所要求，他们才会"见侮不辱"，"虽天下不取"，
"其为人太多，其自为太少"，过着一种苦行僧式的生活。其中宋钘又屡

① 郭沫若：《青铜时代》，中国人民大学出版社，2005 年 2 月版，第 193 页。

屡同孟荀二子辩，具有一定的恕道精神①，所以也得到了儒家一派学者的尊重。因此《庄子·天下》称其学说"以聏合欢，以调海内"，就是看重了宋尹之学在道儒墨三家中的调和作用。

4. 法家之辩者及其他

法家之辩者第一推邓析。《荀子·非十二子》杨倞注引刘向曰："析好刑名。"可知邓析属于名家一派。其人善"操两可之说，设无穷之辞"②。《吕氏春秋·离谓》载："洧水甚大，郑之富人有溺者，人得其死者。富人请赎之，其人求金甚多。以告邓析，邓析曰：'安之。人必莫之卖矣。'得死者患之，以告邓析，邓析又答之曰：'安之。此必无所更买矣。'"鲁胜《墨辩注序》中解释两可之说："是有不是，可有不可，是名两可。"③所谓两可就是可是可非，能可能不可。换而言之，就是在同一问题上存在矛盾，而这个矛盾之所以产生，是因为双方都有理由和能力对对方进行牵制。而邓析的两可学说，不是考虑如何解决这一矛盾，而是从中努力激化矛盾。所以其在甲说甲可，在乙说乙可。甲乙之间的两可是天然的存在，而邓析只是将它具体地表述出来。这种表述固能逞名辩之功力，但于事于情都无补。

今传《邓析子》两篇，多言法家之意。其《无厚》一篇谈到名实关系："循名责实，察法立威，是明王也。"又曰："治世位不可越，职不可乱，百官有司，各务其形。上循名以督实，下奉教而不违。"则依然分明是法家的态度。

《荀子》《吕氏春秋》等都记载邓析为子产所杀，其人大概与孔子同时，先于墨子。他的名辩思想发源于诸子。自邓析以降，至墨子，至

---

① 《韩非子·显学》："宋荣子之议，设不斗争，取不随仇，不羞囹圄，见侮不辱，世主以为宽而礼之。"宋荣子即宋钘，这里的记载可知其具有宽礼的恕道精神。

② 《列子·力命》。

③ 房玄龄：《晋书·隐逸传·鲁胜》。

告子、杨朱、兒说、宋钘、尹文，至邹衍而为之一变，开始有纯粹的辩题，独立的思维逻辑，不必依托诸家学说而建立体系，变诸家名辩一派为真正之名学。《史记集解》引刘向《别录》："驺衍之所言五德终始，天地广大，尽言天事，故曰'谈天'。"[①]这里五德终始似乎与儒家思孟学派的"五行学说"类似，而实际上，思孟学派的"五行"指仁、义、礼、智、圣五种品行[②]，而邹衍的五德终始则指土、木、金、火、水五种物质，根据自然变化，确定其相生相克。邹衍的学说昭示着名家学派开始拥有自己独立的学说观念，真正独立于诸家之外。此后有惠施、公孙龙者，学名辩先贤之大旨，成自己独立之理论，而蔚然大观。

三、名家诸子之思想

王国维说："我中国有辩论而无名学。"[③]实际上王氏所谓名学乃是特指 logic（逻辑学）而言，并非中国真的没有名学。在西方理论进驻中国以后，我们用封建来翻译 feudalism，反说中国无封建制[④]；用名学来翻译 logic，而后说中国没有名学。这道理究竟是不通的。从邹衍以下，渐成名家为独立学派，而尤以惠施、公孙龙为大家。

1. 惠施"历物十事"

惠施的著作今已不存，其生卒年代也失落无考。可以知道的是，

---

① 裴骃：《史记集解·孟子荀卿列传》。

② 郭店楚墓竹简《五行》，季羡林等总编纂，庞朴册主编：《儒藏：精华编二八一册：出土文献类》，北京大学出版社，2007 年 4 月版，第 7 页。

③ 《论新语学之输入》，王国维：《静庵文集》，辽宁教育出版社，1997 年 3 月版，第 116 页。

④ 陶希圣：《中国社会史论战》，第 3 辑，第 2 页。

《庄子》一书多称道庄、惠二人的辩论和友谊，且惠子去世时，庄子有"自夫子之死也，吾无以为质矣！吾无与言之矣"[①]。可以知道：（1）庄、惠二人基本上同时；（2）庄子生平引惠子为好友；（3）惠子死于庄子之前。因而相对于《荀子·非十二子》等记载，《庄子》中对惠子思想的记载更为详细，也更为客观公正。其《天下》篇记载惠子的辩题十则，称为"历物十事"：

> 至大无外，谓之大一；至小无内，谓之小一。无厚，不可积也，其大千里。天与地卑，山与泽平。日方中方睨，物方生方死。大同而与小同异，此之谓小同异；万物毕同毕异，此之谓大同异。南方无穷而有穷。今日适越而昔来。连环可解也。我知天下之中央，燕之北，越之南是也。泛爱万物，天地一体也。

关于这十件事，历来的说法不同。笔者不揣冒昧，对十事试做出解释：

一、"至大无外，谓之大一；至小无内，谓之小一"是惠子首先做出的逻辑定义。"大一""小一"是惠子学说的基本概念，以"大一"为至大，至大者无可容，所以无外延；"小一"为至小，至小者不能容，所以无内涵。惠子所有的哲学理论都建立在这些基本的概念之上。

二、"无厚不可积也，其大千里"即说有厚之体不能由无厚之面积成。这个问题可以从反向考虑，假如无厚可以积累，则无厚相积而倍于无厚，既然倍于无厚，所以可分，可分则必然有厚——这就陷入矛盾之中。所以无厚必然不可以积，而只能无限伸展，作为一个平面，无限延伸，其大千里。所以数学上的观念以面动成体，在中国的名学上是不通的理论。

---

① 庄周：《庄子·徐无鬼》。

三、"天与地卑，山与泽平"与后文"泛爱万物，天地一体也"所言都是齐物，前一句指齐物的方式或原则，后一句指的是因齐物而生发出来的思想。这种齐物理论至《庄子·齐物论》中生发甚明，此从略，下文将详细论之。

四、"日方中方睨，物方生方死。"太阳中天的过程就是下落的过程，物质出生的过程就是死亡的过程。我们无法指定一个准确的标准，确定太阳何时算作中天，何时算作下落。因为没有绝对的中天，没有绝对的下落。同样的道理，也就没有绝对的出生和绝对的死亡。所谓状态，其实是理论的概念，而状态的改变才是世界的规律。所以对一种状态的命名必须包含两种概念，即此状态和非此状态，而二者之间没有固定界线，亦可以转换，也即老子所谓"名可，名也，非恒名也"[①]。

五、"大同而与小同异，此之谓小同异；万物毕同毕异，此之谓大同异。"这里又提出了两个概念。与第一条概念的提出所不同的是，这里的概念是通过名学理论的解说而提出的概念。天生万物，鸡之所以为鸡，狗之所以为狗，是因为万物各有其理。而从鸡的内部来看，此鸡异于彼鸡，也是因为此有此理、彼有彼理。同谓之鸡，这就是大同。而此有异于彼，这就是小同之异。而这种"大同而与小同异"的现象就叫作"小同异"。但反过来说，此异于彼，但鸡所以为鸡相同。鸡有异于狗，但鸡与狗所为生物相同。如此看来，万物应有异性，但也同样具有共性。有共性就有共之所以为共者。如此看来，则"万物毕同毕异"，这就是所谓"大同异"。

六、"南方无穷而有穷"即在一个绝对的空间里，南方是可以无穷尽的，但在绝对的空间之外，南方却永远存在。所以"南方"作为一个定名，既可以虚指，也可以实指。

---

① 《老子》第一章，断句参考本书《有与无：从一个艰难的断句开始——谈〈道经〉第一章》。

七、"今日适越而昔来。"《齐物论》有解说："未成乎心而有是非，是今日适越而昔至也，是以无有为有。"成玄英《庄子疏》释此："吴越路遥，必须积旬方达，今朝发途，昨日何由至哉？欲明是非彼我，生自妄心。言心必也未生，是非从何而有？故先分别而后是非，先造途而后至越。"即说虽今日到越，但到越之心已先发。

八、"连环可解也。"连环既可以相套，自然可以用相反的办法解开。此与佛家"解铃还须系铃人"的道理相通。但具体到名家而言，实则是一种溯源的态度，即用本源推溯的方式求得其本名。牟宗三以以上五、六、七三条并非各自独立一事，而三事为一[①]。又引《管子·白心》《吕览·君守》等认为"连环可解"即鲁之鄙人或兒说解连环事。实际上名家诸子之中概念相同而所说不同者比比皆是。如《邓析子·无厚》中"无厚"指父子、兄弟间的情感无厚可言，而惠子"历物十事"中的无厚仅指逻辑上存在的平面而言。所以，在没有其他直接证据的前提下，很难说兒说等解连环就是惠施"十事"中的连环。

九、"我知天下之中央，燕之北，越之南是也。"郭庆藩《庄子集释》引司马彪云："燕之去越有数，而南北之远无穷，由无穷观有数，则燕越之间未始有分也。天下无方，故所在为中，循环无端，故所在为始也。"以绝对的地理来说，燕国居北，越国居南，二者中间之地即燕南越北，是有穷之地。而就逻辑而言，在有穷之外即为无穷。无穷之域大于有穷之境，所以二者平均，天下的正中必然在无穷之中。

2.《齐物论》与惠子思想

《齐物论》是《庄子》中重要的一章，也是道家的重要文献。但这篇文献历来受人怀疑。首先是它的题目。"齐物论"一词一般有两种解释：一种解释是齐物之论，即此篇论齐物的道理；另一种解释为齐物

与论，即将外物和外论都视为等齐。王安石以为"《齐物论》非欲齐物也，盖谓物论之难齐也。是非毁誉，一付于物，而我无与焉，则物论齐矣"。① 张耒曰："庄周患夫彼是之无穷，而物论之不齐也，而托之于天籁。"② 考《庄子》本文，"夫言非吹也。言者有言，其所言者特未定也。果有言邪？其未尝有言邪？其以为异于鷇音，亦有辩乎？其无辩乎？"分明是齐论的意思，而且这样的意思在文章中也占半数之多，自然可知《齐物论》一章原是要物论等齐的。

除了对《齐物论》篇名的质疑外，还有对文章作者的质疑。傅斯年在其《谁是〈齐物论〉之作者》一文中提出：《齐物论》的作者并非庄周，而是慎到。其原因盖在：

一、《齐物论》一书在《庄子》三十三篇中，块然独处，文辞既绝与他篇不同，思想也不相类。傅氏认为：《齐物论》的词句与《庄子》其他篇目偶同者，只有两处，一在《庚桑楚》，二在《寓言》，这两篇不过都是抄袭《齐物论》，是后人敷衍成文的。慎到学说，在战国末期日渐式微，当时显学只是儒、墨二家，其非儒非墨，所以杂入庄子的文章之中。

二、《汉书·艺文志》著录《庄子》有五十二篇，可知《庄子》书是类似《管子》一样的合集，其中正可有他家之书能够混入。且《庄子·天下》中述慎到、田骈的学说时说："齐万物以为首"，又称"彭蒙、田骈、慎到不知道"。可见庄子非于齐物论，而慎到著书，曾以"齐物"一篇为首也。又《史记·孟子荀卿列传》："慎到，赵人……学黄老道德之术，因发明序其指意。故慎到著十二论。"由此可得：慎到著书，以论名篇，其数凡十二也。合此两事，可以知道《齐物论》者乃是慎到所著十二论的一篇。《齐物论》中虽然提及庄子，但仅末段一见，

---

① 王应麟：《困学纪闻》卷十。

② 张耒：《柯山集》卷三。

所述的内容也与前文相反。其中说"周与胡蝶则必有分矣",前文却说"分也者,有不分也"。所以这一段应是后人的补叙敷陈。①

傅斯年关于《齐物论》非庄子所作在论证上是很有力度的,在此之外还有两个旁证:一则是晋朝的王羲之,一向是道家和庄子的信徒,但在《兰亭集序》中称:"一死生为虚诞,齐彭殇为妄作。"实是向《齐物论》中的思想攻击。二则是《齐物论》在《庄子》中独成一格,其文中除了对惠施的"今日适越而昔至"的一句评论之外,也很少对其他子家的思想进行评论。所以《齐物论》必定非庄子所作。

但傅氏认为《齐物论》为慎到所作,恐怕亦有不妥。慎到是稷下的辩士,著有《慎子》一书,《汉书·艺文志》列为法家。今本《慎子》之中有"民一于君,事断于法"的说法。虽然《史记》称"学黄老道德之术,因发明序其指意",但《史记》叙韩非思想也说"其归本于黄老",可见先学黄老学说终于流于法家的,慎到并不是唯一的人。既然是法家,又有"民一于君"的说法,可知慎到至少是讲人物间的等差关系的。傅氏认为今本《慎子》不足为据,但所述的理由却十分无力,因此可以不做探讨。

事实上,《天下》篇中所说"齐万物以为首"并非特指慎到而言,而兼指彭蒙、田骈、慎到三人。因此"首"字不得做首篇来解,只能作为首要的意思。《吕氏春秋·不二》载:"陈骈贵齐。"《尸子·广泽》载:"田子贵均。"古语陈田一声之转,田子即田骈,一作陈骈。这里称"陈骈贵齐"似乎与《庄子》中"齐物论"的思想很是接近,但实际上后者的"齐"实际上是"均"的意思。换而言之,田骈所讲"齐万物"实际上是"均万物"。也就是使万物均衡,这是一种平均意识和这种意识下发生的行为。而《庄子》中的"齐物论"是把不同乃至相反的事物

①　傅斯年:《谁是〈齐物论〉之作者?》,傅斯年:《史学方法导论》,中国人民大学出版社,2004年9月版,第277—287页。

视作相同，一于天地，合于大道，这就不仅是一种态度，更是一种境界。而这种境界显然是提倡均衡意识的田骈所不具备的。

相对于慎到和田骈，笔者更为相信《齐物论》一文的作者是惠施，至少是惠施这一流派的学者。在"历物十事"中有"天与地卑，山与泽平""泛爱万物，天地一体也"。前者是齐物论的一种基本道理，后者则是这种道理所阐发出来的思想。所以我认为，齐物论思想的发端当与惠子相关。

事实上，《齐物论》一章中屡屡提及惠子的思想，如"彼是方生之说也。虽然，方生方死，方死方生；方可方不可，方不可方可；因是因非，因非因是"即是对"历物十事"中的"物方生方死"的解释，"枢始得其环中，以应无穷。是亦一无穷，非亦一无穷"也无非是"南方无穷而有穷"的一种具象化的说法。"以指喻指之非指，不若以非指喻指之非指也。以马喻马之非马，不若以非马喻马之非马也。"指物论与白马论是公孙龙的思想。惠施、公孙龙二人分属于合同异、离坚白的两派，这里以非求非的思想是对指之非指、白马非马的一种反动，正与公孙龙的理念相反，所以此句虽不在十事之中，却也应该属于惠子的思想之一。再加上上文所提及对"今日适越而昔至"的解释，可以看到《齐物论》一篇受惠子的影响很大，即使不是惠子本人所作，也应该属于其后学的作品无疑。

3. 二十一怪说

《庄子·天下》篇复有"怪说二十一事"，这二十一事的持有者不明，《天下》篇只是笼统地称之为"辩者"。这些辩者们"以此与惠施相应，终身无穷"，二十一事分列如下：

　　卵有毛。鸡有三足。郢有天下。犬可以为羊。马有卵。丁子有尾。火不热。山出口。轮不蹍地。目不见。指不至，至不绝。龟长于蛇。矩不方，规不可以为圆。凿不围枘。飞鸟之景未尝动也。镞矢之疾，而有不行、不止之时。狗非犬。黄马骊牛三。白狗黑。孤驹未尝有母。一尺之棰，日取其半，万世不竭。

由于文献的缺乏，前贤的解释也多有抵牾、不通之处，因此我们不能对这二十一件事中的每一件都给出一个明确的说法。但对其中的数件，可做解释如下：

一、卵有毛。这里的卵应该指禽卵而言。禽卵可以生禽，而禽有毛。所以在卵之中有培养出毛的特性，因而卵中具有毛的特性，故称"卵有毛"。

二、鸡有三足。司马彪注："鸡两足所以行而非动也，故行由足发，动由神御。今鸡虽两足，须神而行，故曰三足也。"《公孙龙子·通变论》："谓鸡足一，数足二，二而一故三"。两种解释看似有差别，实则相同。《公孙龙子》的解释中所谓"谓鸡足一"，指的是"鸡足"的名，"数足二"指的是"鸡足"的实。"鸡足"所以为名，是规定鸡足所以为鸡足之理，也就是足的"取"。"取"是借用墨子的一个概念，墨子认为："今瞽者曰，钜者白也；黔者黑也。虽明目者无以易之。兼白黑，使瞽者取焉，不能知也。故我曰瞽者不知黑白者，非以其名也，以其取也。"[1] 所以名的要义在于名之所以为名，也就是名的取。而足之取即虽有两足，也需要神来驾驭，这就司马彪所谓"神足"。亦即是"鸡三足"的道理。

六、丁子有尾。成玄英《庄子疏》曰："楚人呼虾蟆为丁子也。"虾蟆，即今虎纹蛙。古人有时也借指蛙或蟾蜍一类的动物。丁子有尾的道理与卵有毛的道理应该相同。因为蛙类先为蝌蚪，有尾，后生蝌蚪，亦有尾。无论从哪个角度说，都能解释"丁子有尾"这一辩题。

---

① 《墨子·贵义》。

七、火不热。所谓定名，一在于定性。而具体到对火的特性，则必须是依照其客观的特点，而不能是人主观的感受。人之所以觉得热，实际上是心使其然。冯友兰对此的解释是"热是主观的，在我而不在火"①。很是。另佛家有"不是风动，不是幡动，仁者心动"②的说法，与此道理相近。

十、目不见。目所能见者是物，但比先有物所以为物，然后人能可见。也就是说，物自然而后目然之。见物是由物体本身来决定的，并不是由于目的作用。所以能见不是目的特性，故称"目不见"。

十一、指不至，至不绝。《列子·仲尼》引公孙龙之言称："有指不至，有物不绝。"所以冯友兰将此改作"指不至，物不绝"③，甚是。关于指物之论，下文释《公孙龙子》时再详细析之，此从略。

十二、龟长于蛇。这里又是有穷与无穷之辨。《庄子·齐物论》有"天下莫大于秋毫之末，而泰山为小；莫寿乎殇子，而彭祖为夭"。因为秋毫所之末占有有穷的空间小，所以其获得的无穷的空间大，泰山占有有穷的空间太大，所以其拥有的无穷为小。彭祖和殇子在空间的有穷与无穷之辨也是同样。依照这样的逻辑，龟的形体短于蛇，所以其获得的无穷就长于蛇，这就是"龟长于蛇"的道理。

十三、矩不方，规不可以为圆。这里的"为"当"制定"解。因为矩是因方而定，所以具有方的特征。但并不是通过矩的特征来制定方的标准。同样的道理，规是根据圆的特征而定，所以不能通过规的特征来制定圆的标准。所以名作为一种解释对象的时候，不可以再用其来解释对其解释的事物。如在释义中的"老，考也""考，老也"，在经学上算作互训，但在名家学者看来，是有悖于常识的。

---

① 冯友兰：《中国哲学史新编》，人民出版社，1998年12月版，第477页。
② 《五灯会元》卷七。
③ 冯友兰：《中国哲学史新编》，人民出版社，1998年12月版，第477页。

十五、飞鸟之景未尝动也。本条可参考希腊哲学家芝诺提出的"飞矢不动"的说法。因为射出的一支箭在给定的一瞬间里，有相对确定的位置，和绝对不变的占据的空间，而当一个物体在给定的时刻，都占有自己的空间位置时，则又是静止不动的。本则与下一则都探讨物体的运动和静止的相对性，在科学上也有其独特的意义。

十六、镞矢之疾，而有不行、不止之时。这个不行、不止之时指的是发箭之后和静止之前的一个瞬间。因发箭之后，箭由静始动，这种变化作为一个过程，应该在一个时间区域内完成。在这个区域内，箭既不是运动的，所以它不会行，又不是静止的，所以不能止。将静止前的一个时间区域也是同样的道理。

廿一、一尺之棰，日取其半，万世不竭。陆德明《庄子浅释》引司马彪言："若可两析，则常有两；若其不可析，其一常在。"这个道理从名学理论上到科学实质上都是可以得到证实的，实不应属于"怪说"之列。

4.《公孙龙子》思想略说

公孙龙是名家诸子中的集大成者。近人王启湘在《〈公孙龙子〉校诠》中称："据《汉书·艺文志》，周秦人之以名学著者七人，今唯存邓析、尹文、公孙龙三家，而以龙最为卓绝。"[①] 关于公孙龙的师承和宗派，胡适认为："惠施与公孙龙不是形成名家的孤立的辩者，而是别墨学派合法的代表人物。"[②] 实际上这是没有认识到名家学派的发生过程而做出的结论。前已言明，名家的思潮中至少一派是由别墨之辩发展而来，而名家其他的学者人物也不可避免地受到墨辩思潮的影响。公孙龙本学于儒家，但作为名家诸子中的集大成者，受到墨辩的影响、具有墨辩的思

[①]　王启湘：《周秦名家三子校诠》，古籍出版社，1957 年 5 月版，第 48 页。
[②]　胡适：《中国名学史》，安徽教育出版社，2006 年 8 月版，第 139 页。

维也是非常自然的事。

事实上，作为名家学派的集大成者，公孙龙不但学习多家的学说，他的观点也多半是阐发前人的。如名家前贤有以别名实为务的，公孙龙即有《名实论》一篇。而其成名的"白马非马"之说也并非是他的首创。《韩非子·外储说左上》："兒说，宋人。善辩者也，持'白马非马也'，服齐稷下之辩者。乘白马而过关，则顾白马之赋。"这里值得探讨的是兒说的时代。《战国策·齐策》《吕氏春秋·知士》有貌辩，"貌"与"兒"同，"辩""说"字义相近，应该一以为名，一以为字。考其本自称为"辩"，可知其人名"辩"而字"说"。《战国策》中貌辩见齐宣王，公孙龙与平原君同时，考察史籍可知兒说先于公孙龙，而公孙龙的"白马非马"之辩亦可能来源于兒说。

公孙龙的著作本已亡佚，后在明本《道藏》中辑出。今存《公孙龙子》六篇，分为《迹府》《白马论》《指物论》《通辩论》《坚白论》和《名实论》。其中《迹府》一篇是公孙龙的行迹，属于小传的性质。其他五篇则是其主要的理念和观点，以下分述这五篇内容：

白马论　《白马论》是《公孙龙子》的首篇，也是公孙龙的成名之论。《唐宋白孔六贴》卷九引桓谭《新论》："公孙龙常争论曰：'白马非马'，人不能屈。"但此白马之论受到的误解和非议也在诸篇当中为最多。有人从"辩证"的角度来看，认为公孙龙看到了"一般"概念和"个别"概念的区别，这是他的贡献。但他把不同概念之间的区别绝对化，过分夸大这种差别性，否认一般寓于个别之中，认为"马"这个类的概念不包括"白马"这个属的概念，这就陷入了形而上学和诡辩论①。实际上，中国名学和西方逻辑学同属于思维规律，二者各有体系，互不统属。强行用逻辑学的理论来解释中国名学，往往得到似是而非的答

---

① 高玉春、李春安等主编：《马克思主义哲学原著词典》，河北人民出版社，1990年7月版，第114页。

案。尤其是马克思主义哲学理论，是完全建立在中国社会和中国思想之外的哲学体系，用政治的态度对我国古代思想进行强解，无异于对文化和文明的强暴。

要想真正了解《白马论》，首先就要从文本出发，用传统的训诂、文字的方法，解读先秦文献来阐释当中的道理。首先针对首句"'白马非马，可乎？'曰：'可'。"要知道《公孙龙子》全书采用主客问答的形式进行逻辑的驳难。我们称提问驳难的一方为"客"，而接受提问和驳难的一方为"主"。这当中"白马非马"的"非"字，并非"不是"的意思，"非"的意思应该为"不同"。白马不同于马，并不排除白马属于马，所以"有白马不可谓无马"。但"求马，黄、黑马皆可致；求白马，黄、黑马不可致"。足以证明白马有别于马。且反过来说"以'有马为异有黄马'，是异黄马于马也"，也可以证明白马（黄马）非马。

也正是由于这个缘故，白马不能独立于马而存在。如果白马独立于马而存在，则是离白于马，即"白"可以作为"白马"的一个性质而存在。而与白马相对立的有别于白马的，则有黄马、红马等。所以这些马的总名应该概括其所有对象的性质。而所有对象的性质无疑是抛开颜色之外的马。因此马的正名就成为"马马"[①]。"马马"无疑是不通之名，所以"白马是马"也就是不通之论。

公孙龙既少学儒家之道，所为之论也必然具有其实在的社会意义。"白马非马"之论的社会意义在于，将特殊别于一般，利于正道的施行。按《墨子·小取》："盗，人也……杀盗，非杀人也。"《孟子·梁惠王下》："闻诛一夫纣矣，未闻弑君也。"别白马于马，即别盗于人，别一夫纣于君，这在战国时期混乱伦理中是具有一定的积极意义的。

---

① 《白马论》：曰：有"白马不可谓无马"者，离白之谓也；不离者，有白马不可谓有马也。故所以为有马者，独以马为有马耳，非以白马为有马。故其为有马也，不可以谓"马马"也。

指物论　《指物论》是《公孙龙子》全书的总纲，也是《公孙龙子》一书中最难会意的辩题。本文限于篇幅，只做简要的分析。"物莫非指，而指非指。"所谓"指"，是对物的指称。"指"后于物先于名而出现。凡物都有它的指，而所指又非被指的对象本身。"天下无指，物无可以谓物。非指者，天下无物，可谓指乎？"本篇之中没有曰字断为主客，但从驳难的语气上和对学理的阐发上可以判断首句为主的申述，此句为客的驳难。客假使天下无指称，那么就不能对物进行此与彼的分辨。如果没有了指称，也就没有了万物存在的意义，也就没有了物。以下主客从指与物的关系进行辩驳，因为物是实质的存在，而指不过是虚无的指称，也是"天下之所兼"。

惠子曰："夫说者，固以其所知谕其所不知，而使人知之。"[①]抽象的理论似乎很难解释，因此我们不妨做出这样的譬喻。设有甲乙丙三人，甲乙两个人相互沟通，甲自称为"我"，而称乙为"你"。而甲与丙交流自称为"我"，称乙为"他"。乙与丙交流，又自称为"我"，称丙为"你"，而甲却为"他"了。"你""我""他"三个指称不变，但在不同的场合中，针对不同的对象有了不同的含义。所以指称是抽象的，而事物是具体的。指是"天下之所兼"，"物莫非指，而指非指"。因为指的不确定，所以要定名，这就产生了《名实论》。又因为指具有相对性，所以要确定一个称谓是名而不是指，就必须经过实质的确证，主观的认知。主观的认知如视觉和触觉不能同时进行，所以得坚得白不能与具体的事物共同存在，这就有了《坚白论》。但所有的特性最终还要统一于一个实体，这些特性是独立存在还是变化统一也需要进行探讨，于是《通变论》产生。最后探讨具有特征存在的实体与原名之间的关系，也就是白马与马的关系，这就是首篇《白马论》。所以《指物论》虽在《公孙龙子》文章正中，但却是全书的纲要。所有观念全赖此而产生和

①　《新序·善说》。

发展。这是研究《公孙龙子》不可不察的地方。

通变论　《通变论》讲特征之归一，即在能够统一于同一物体上的所有特征是相互组合还是互相改变。假使两个概念组合，一在于左，一在于右，可产生第三个概念，即"二"。左右可并称为"二"，但单独存在则不具有"二"的性质。所以客的驳难认为是左右本身发生了实质之变化。而实际上与"怪说二十一事"中"卵有毛"的道理相同的是，左右虽不是"二"，但它们却有相同的特质，所以有可以成为"二"的可能。而正如"羊合牛非马，牛合羊非鸡"一样，如果性质不同，必然不能合并产生第三个概念（"二"）。

关于概念的归同和排异，实际上条件非常苛刻。以羊、牛、马三者为例。羊与牛的不同在于羊有上齿，牛无上齿，但不能说羊和牛是完全不同的。因为虽然没有共同的特点，但还有相似的特征。羊有角，牛也有角，但说牛羊等同也不可以。因为它们却类别不同。羊和牛的合群有角，而马没有角；马有长尾，而羊牛的合群却没有长尾。从这两个方面解释才能说牛羊的合群跟马是不同的。所以羊和牛的特征合并，也不是马的特征，这也就是说两者特征虽然合并却依然属于两者，仍然非于他者。这就是合为名变，而实则不变的原因。

坚白论　《坚白论》从判断方式的角度分辨实质，是公孙龙的著名辩题之一。他也因这个辩题而被认为是名家离坚白一派的代表。离坚白这一命题是以石为基础而提出的，对于一块石头来说，如果你能通过触觉感受到它的坚硬，就无法通过视觉感知它的白色；如果通过视觉感受到它是白色的，就无法同时通过触觉感受到它的坚硬。所以可以说一块石头是坚硬的，也可以说一块石头是白色的，却不能说这块石头同时是坚硬和白色的。马克思主义哲学认为这是诡辩，而实际上，在先秦名学的理论中，作为名的存在，必须要有实作为依靠。而实之所以存在，又需要进行主观的确证。在确证白的时候坚的特性就隐藏，确证坚的时候，白的特性也就隐藏。因此坚白石二，也可以叫作"藏三"。而《孔丛子·公孙龙》中所提到的"臧三耳"则是"臧三"的误读和"鸡三足"的误会而形成的，不足以作为实凭。

名实论　《名实论》明显能看到公孙龙的正名主张和对儒家的师承。"天地与其所产者，物也。"是先释"物"，即具体存在的东西，也是名所以产生的对象。"物以物其所物而不过焉，实也。"前两个"物"都作动词解，后一个"物"作名词解。"物以物其所物"即把所物的东西当作物。"不过"就是不及，或正当，或少之，为物之实，而名过其实。这句话的意思是说符合物之理而冠以物之名，物理不超过物名就叫作"实"。"实以实其所实，不旷焉，位也。"在确定了"实"的基础上，如果名实得当，就可以叫作"位"，即以真正的实体为实，而没有空位，这也就是名实的统一。"出其所位，非位；位其所位焉，正也。"这里界定"位"的概念，标准极为严格，不能稍出其位。而位其所位，也就是"正"，这就是正名的含义。所以《名实论》以下都解释正名，列出正名的要义、方法等，最后盛赞古之明王能"审其名实，慎其所谓"以明正名之不易。

四、名家学派之消亡

在秦朝以后，名家学派日渐式微，并逐渐消失在中国思想史的舞台上。其原因十分复杂，具体来说：首先从名家学派的发生起因来看，名家学派的建立在很大程度上适应了各家学术争辩的需要，名家的先驱们也都是从各家之中分化出来的精英。这就决定了名家学派从诞生开始就具有很强的实用性。而到了秦代，"有文学《诗》《书》百家语者，蠲除去之……所不去者，医药卜筮种树之书。若有欲学者，以吏为师"。百家凋零，名家学派必然受到影响。而以吏为师、定法家的思想为一尊，则实际上缩小了名家学派的应用范围。

到了汉代，汉武帝罢黜百家独尊儒术。虽然这一尊儒是以内法为前提的，但儒学作为国家的统治思想，其正统地位受到尊重，所以百家学说也逐渐纳入儒家的体系之中。名家纳入儒家体系内，主要为经学服务，即对六经进行解释，开始从"欲推是辩，以正名实而化天下焉"①转而成为"晰名物之殊，辨典礼之异"②。也就是说纳于儒家系统的名家学派开始由"化天下"转成为"辨典礼"，即从为社会服务转成专为儒家的解释，但这种解释仍然是基于名家的正名，与从儒家一脉相承下来的传统经学还是有本质的区别。这一点在东汉刘熙的《释名》中尤为明显。例如，刘熙的《释名》仅仅重于音训。但他所谓的音训却是把一切词语的音义都看成是有机而必然的联系，而不是只针对同根词。所以刘熙的释名其实是音训的扩大，也具有一定的任意性。而其在《释言语》中有"薄，迫也，单薄相合迫也""信，申也，言以相申束使不相违也"。是对文字书写与语词衍生两种完全不同性质的现象的混同。汉代经学颇成体系，如果刘熙是一脉相承的经学家，必然不会有这样原则性的错误，所以他只能是名家学派与儒家融合时期的过渡性人物。

其次，从名家学派自身的学说来看，自其独立以后，实用性消失，学说也就失去附丽，变得抽象。上文所提及的"鸡三足""白马非马"等，是纯粹的哲学理论，深奥难解，且与常识的学术不同。加上社会上长期对名家学说的误读，如其误读"藏三"为"臧三耳"等。所以明明是哲理的辩题，但在社会上却被流传为"怪说二十一事"。其怪异不可解的一面被夸大，而立足于传统学术、社会根基的一面却被忽视。但中国之学术却又是为众生计的，综先秦诸子的学说来看，都是在为当时礼崩乐坏的社会打算。而秦汉以后的儒学和其他思想也都为政治服务，为

---

① 《公孙龙子·迹府》。
② 毕沅：《释名疏证·序》。

社会人生考虑。被歪曲的名家学说缺乏具体的社会功效，当然会失去其学者群。

最后，名家学派集中出现在战国中叶，缺乏统一的体系，也没有明显的师承关系。上文已经谈到，名家学派经历了从诸家的名学到独立的名家的演变，他们的著作也由群体式的著作（《墨辩》六篇）发展为独立的著作（《公孙龙子》《心术》《内业》等）。但名家学派从它发生发展的过程中始终缺乏明显的师承关系，即名家诸子之间各自独立，他们的学说也各成体系，难以混同成为一个整体。到了战国中后期，更是产生以惠施和公孙龙为代表的"合同异"和"离坚白"的两派。他们的观点虽然不绝对对立，但至少属于"羊合牛非马，牛合羊非鸡"的，彼此不能整合，也就不能生发出类似儒家"三纲五常"一样具体的教义来，而缺乏统一教义的学派必然难以有贯彻学派的统一宗旨，这就注定了名家学派是无法传承下去的。

附：

公孙龙子道学述微 [①]

《庄子·天下》篇总结名家诸子的辩题，凡二十二类，计："卵有毛。鸡有三足。郢有天下。犬可以为羊。马有卵。丁子有尾。火不热。山出口。轮不蹍地。目不见。指不至，至不绝。龟长于蛇。矩不方，规不可以为圆。凿不围枘。飞鸟之景未尝动也。镞矢之疾，而有不行、不止之时。狗非犬。黄马骊牛三。白狗黑。孤驹未尝有母。一尺之棰，日取其半，万世不竭。"并言："辩者以此与惠施相应，终身无穷。桓团、公孙龙辩者之徒，饰人之心，易人之意，能胜人之口，不能服人之心，辩者之囿也。"对先秦名家诸子的议题做出了批判。

由于辩题具有很强的哲学性，并且不能以常规的角度解释，后来学者根据这些辩题字面含义，做出了常规而浅显的批判。但哲学问题毕竟不能用常规来解释，而应该还原到具体的情境中，体察当中存在的特殊逻辑。仅以名家学派最负盛名的四个议题为例：1.白马非马（引文中虽未提及，但为《公孙龙子》中最受争议的议题）；2.臧三耳，鸡三足（二者同理，前者见《资治通鉴》卷三）；3.火不热；4.一尺之棰，日取其半，万世不竭。

---

① 在《名家学派发生浅论》一文写作完成以后，需要经过必要的课题答辩，其中的若干内容与会评委并没有看懂，所以当时用非学术语言进行了一定的解说。同时还对有关《指物论》的内容进行答辩。答辩完成以后根据现场发挥形成两篇文章，此篇即解说部分，附志于此，方便读者进一步了解笔者的思路和公孙龙的思想。而答辩部分形成的文章即后篇《〈指物论〉白话释义》一文。

上述四问是基于哲学的设问，具有很强的抽象性，故我们将其具体且简化为如下四问：1.氮气是否是空气？ 2.下图中左图内有几个三角形？ 3.《坛经·自序品》曰：印宗法师正在讲解《涅槃经》，和尚们忽然见到风起幡动，或言是幡动，或言是风动，唯有六祖慧能说不是幡动，不是风动，而是心动。请问六祖的回答是否违背自然科学，或进而言之哲学本身可否超离自然科学之外？ 4.在自然科学中，原子可以再分吗？

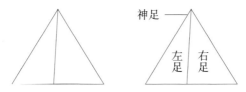

氮气当然不是空气，尽管它在空气中约占78.03%的体积；左图中有三个三角形，尽管第三个将两个更小的三角形包围，或者是由两个小三角形构成；六祖慧能所答是基于哲学层面，哲学层面重视意识而非物质，故六祖的回答并非不合理；至于原子，在自然科学中自然可以无限划分。将这四个具象问题的答案抽象为更高的哲学层面，便可对上述四个哲学命题做出一番解释。按照公孙龙对白马非马的解释，"白"是一个概念，"马"是另一个概念。"白"与"马"两个概念的组合形成的是第三个概念，即白马。因为白马不是白本身，所以白马也就不是马本身。但白马的自然属性是马，所以概念本身就偏向于马。这个道理和空气最主要的成分是氮气，而氮气的性质却和空气迥异一样。既然空气的主要成分氮气并不是空气本身，"白马"这一概念的主要属性马也就并非白马本身。

第二个问题，根据《公孙龙子·通变论》的解释："谓鸡足一，数足二，二而一故。"即谓鸡足本身是一个整体，而左足和右足都只是当中的个体，就仿佛上面的图形，是由两个三角形拼成的，但这两个三角形还可以拼成一个大的三角形。两个小三角形就是鸡的"数足"，而大的三角形就是所谓的"鸡足"。历来的注家认为所谓"鸡足"者，是所谓"神足"。因为木鸡也有两足而实际上不能行走，所以必然有另一个"鸡足"对这两只"数足"进行控制，因为是精神层面的，是看不到的鸡足，所以称为"神足"——这当然不能用自然科学的"神经控制"来解释，因为我们在做哲学层面的探讨，所以名家诸子的后学提出了"神足"的哲学概念。因而从这个意义上来说，臧三耳、鸡三足也是正确的。

第三个问题中六祖意谓不是幡动，不是风动，而是心动，推知所谓"火不热"的含义乃是指心热，意即火热是人的一种独特感知，而人的一切感知只能通过个体本身实现，并不具有共通感，因此也不能通过该共通感对所接触的物质做出定义与定性，这也就是冯友兰所谓"热是主观的，在我而不在火"。

第四个问题中，既然承认原子也可以再分，物质不会凭空消灭。那么一尺之竿日取其半，当然万世不竭。

事实上，先秦诸子所做的哲学探讨往往与现实的政治相关，并且这种探讨一旦跟政治结合，所约束和限制的对象往往是统治者。我们可以从已经探讨的四个命题中进一步演进：因为白马不是马，所以暴君不是君。这也正是孟子对否认所谓"武王弑君"做出的解释："贼仁者，谓之贼；贼义者，谓之残。残贼之人，谓之一夫。闻诛一夫纣矣，未闻弑君也。"诛暴君等于杀民贼，这正是义之所在。因为臧三耳、鸡三足，且数足受到神足的领导。所以有分，又必然有一，且所有的分都要受到同一的领导，这就是一种个人责任和集体意识，也就是礼。因为火热源于内心，所以一切外在的感受都是我们内心的反映。所以众人之心应该有所选择，努力去感受最质朴的部分，回归最原始、最简单的爱，亦即是仁。而一尺之竿，取之不竭，证明用一定的规律减少，有终于不是无，所以要爱惜民力，要按照一定的规矩去使用民力，此种规矩便是法。而至于卵有毛，意思则是鸡在卵中孵化，如果卵内无毛，便无鸡毛，即告诫统治者要从全局和发展的角度看待问题，从反方向来说，要发现最细微的变化，防止坏的事情发生。《易经》所谓"履霜，坚冰至"正是此意。

　　所以最终的结论：公孙龙及其所代表的名家诸子，并不仅仅是以诡辩为最终目的，而是在形而上的具化以后有其所能的现实意义。这种现实意义，即义、即礼、即法、即仁。当所有一切形而上以后，就是道。也正是由于这个缘故，《老子·道经》第一章就把道家与名家并列，言："道可，道也，非恒道也；名可，名也，非恒名也。"[①] 所以名家最终的意义在于求道。当然，这也是先秦诸子的共同追求。

---

　　① 此种断句缘由请参考本书《有与无：从一个艰难的断句开始——谈〈道经〉第一章》。

叁　墨家学派消亡浅论①

"世之显学，儒、墨也。儒之所至，孔丘也。墨之所至，墨翟也。"②
战国时代，儒、墨并世，共称显学。然而至汉代世宗以后，独尊儒术，
同样作为显学的墨家却销声匿迹。关于其原因，历来有不同的意见。笔
者以为，究其根本，则原因有三：

首先，墨家的消亡与本派的学术分裂有关。《韩非子·显学》："自
墨子之死也，有相里氏之墨，有相夫氏之墨，有邓陵氏之墨……墨离为
三，取舍相反不同，而皆自谓真孔、墨。"学术的分裂使他们走向分化，
离墨家的本义越来越远。与儒家学派的自我演进和历史重塑不同，墨家
更注重实际操作（包括器具的制作和现实的行侠），而不太注重对经典
文献的解读。

从经典的数量上来说，《汉书·艺文志》中，共载有儒家文献三十三
部，三十一种之多，每一种的篇目多保持在十八到二十二篇之间，个别
篇目如《徐子》四十二篇，《荀子》三十三篇。而墨家学派只有六种文

---

① 本文最初准备作成《孔门弟子的分裂与儒家八派的形成和演进》的姊妹篇章，
研究墨家的分裂，墨家三派的思想和派系关系，但在准备资料的过程中，阅读到杨义
《墨子还原》（中华书局，2011 年 3 月版）一书，其中论述三派分裂甚详，故尽弃向所书，
只以全文中的一节，杨义先生未及详述的墨家学派的消亡为题写作此篇，发表于《语文
学刊》（2013 年第 3 期）。

② 《韩非子·显学》。

献，并且除《墨子》一书外，其他的经典篇目最多的是《随巢子》，共有六篇，而最短的《我子》只有一篇，其他分别为二篇、三篇和三篇。在经典的数量上，墨家学派就无法同儒家学派相比，这也为其思想的继承带来了麻烦。

而从经典的解读上来说，儒家有一个专门的经典师承系统，例如孔子传宓子贱，宓子贱传伏生，伏生传欧阳生，欧阳生传兒宽，兒宽传孔安国。① 师徒传承的过程中对经典的解读也不断增益。至孔安国，则有《古文尚书传》《论语训解》《古文孝经传》等书。对经典的释义进行更进一步的发扬。墨家只有彼此的师承，却没有经典的传承关系。所以墨家思想在学术分裂之后不能像儒家学派一样对学术进行有效地整合，最终走向消亡。

其次，墨家学派的消亡也与秦汉时期的政治统一有关。众所周知，先秦时代，各诸侯国林立，各个政治实体对于境内民众的管理都是有限且缺乏效果的。所以民众在继续依靠所在国政府的公力救济的同时，更大程度上依赖于自我的私力救济，而私力救济的实施者便是侠客。墨家作为侠客的代表自然会受到这时民众的欢迎，成为一时的显学。而到了秦汉时期，政治统一，中央政府逐渐能够对人民实行有效管理，这一时期，以墨家为代表的私力救济群体便显得不再如战国时那样重要甚至必要。况且太多侠客的私力救济将影响到政府的公信，所以墨家思想必然在中央政府的禁绝之列。

最后，也是最重要的一点，东周时代出于政治体制的变迁（由封建制到帝制的转换时期）以及社会纷乱的政治局面，当时的社会环境较为宽松，思想流派也日渐兴起。正是由于这个缘故，所以这个时期才会产生百家争鸣的局面。而到了秦汉王朝建立以后，作为一个政治实体，王朝需要一种统一的政治思想。秦始皇在百家之中选择了法家，结果因为

---

① 《史记·儒林列传》。

在天下初定之际就严刑峻法，最终二世而亡。到了汉高祖时代，白登之围以后，汉朝统治者逐步意识到与民休养生息的重要，所以这一时期开始推崇黄老之学，实行无为政治。终文景二朝，"太仓有不食之粟，都内有朽贯之钱"①；"京师之钱累百巨万，贯朽而不可校。太仓之粟陈陈相因，充溢露积于外，腐败不可食"。②

所以到了汉武帝时代，国力强盛，统治者对于集权统治的需求，使法术政治和法家思想成了主流。而有鉴于秦末的法家思想统治带来的百姓离心的局面，汉武帝遂用董仲舒之议，罢黜百家独尊儒术。但这种对于儒术的独尊，不过是汉武帝的一种手段而已。而事实恰如后来汉宣帝对汉元帝解释的那样："汉家自有制度，本以霸王道杂之，奈何纯任德教，用周政乎？"③则可见汉代的政治阳儒阴法的本质。

之所以用儒家作为法家政治伪装的外衣，是因为儒家讲求仁爱，主张温柔敦厚。墨家虽然同样主张"兼爱"，但"兼爱"跟"仁爱"的本质有所不同。儒家讲求的"仁爱"，更多的是寄希望于统治者，也就是希望圣君贤臣来实行仁爱。而墨家的兼爱，则是寄希望于通过国君的推广，使全民都能够兼爱。他以晋文公好士之恶衣、楚灵王好士细要、越王勾践好士之勇举例，认为"若苟君说之，则众能为之"④，并认为实行兼爱也是如此。所以最终的兼爱，依旧是落实在人民群众的每个个体上，而不是落在统治者身上。这也就决定了墨家必然不能代替儒家成为法家政治的外衣。

综上，墨家思想虽然与儒家思想在先秦时期并称为显学，但由于其自身缺乏系统的经典文本和传承，个中思想又不适用于统一体制和集权政治，所以导致了其在汉后的消变乃至灭亡。

---

① 《后汉书·郡国志》刘昭注引《帝王世纪》。
② 《汉书·食货志》。
③ 《汉书·元帝纪》。
④ 《墨子·兼爱中》。

外篇 经子新义

肆　楚简新说

一、郭店楚简丛思

凡是中国的考古发现，我以为简帛的发现是能够改写思想史的。敦煌的宝藏固然丰富而精致，但那恪守在中古。甲骨文和金文也都极好，可惜是一些卜辞或者铭文，可以做史料的补充用，要真正改写历史就很难。在简帛之中，十一种秦简又偏于律，对研究法律和历法颇有帮助，银雀山竹简多兵书，两者都过于独立（《汉书·艺文志》将兵书、术数独立于诸子之外），也过于专门。所以就影响来说，应该在马王堆的帛书以及相继出土的楚简之下。

郭店楚简的内容兼有儒道，内容十分丰富。在这样一份巨大的思想材料面前，笔者不过是蓁尔初学。但心灵福至，偶有所得，故愿将我所学、所思整理出来，以供方家批评、指教。本文所引用的楚简原文及次序均依照李零先生《郭店楚简校读记》（中国人民大学出版社，2007 年8 月版），只是在个别篇章的次序上有所调整。

（一）道家之部

郭店楚简中的《道德经》是现存各版《道德经》中最为古老的一种。与马王堆的帛书本《老子》及传世的河上公本、王弼本等相比，这个版本有很大的不同。首先，它并不是完整的《道德经》的本子，只是在甲、乙、丙三组竹简之中，分别抄有若干存于今本《道德经》中的章句。因此就有两种版本上的可能，一是《道德经》于此时已经成书，这个版本不过是摘抄；二是《道德经》于此时并未成书，这三组竹简就是后来《道德经》的底本。

其次，在文字上这个版本与帛书本和传世本也有很大不同。如第二十五章，传世本作："大曰逝，逝曰远，远曰反。"帛书甲乙两本皆作："大曰筮，筮曰远，远曰反。""筮"解同"逝"，所以两者区别不是很大。但郭店的竹简写作："大曰羡，羡曰转（断？），转（断？）曰反。"按李零先生的解释，"羡曰"之后的一字，可能是"转"，也有可能是"断"。但"羡"的本义是溢出，这里的"大"指天、地、道、王（竹简本："天大、地大、道大，王亦大"），按《道德经》全书，天、地、道均无边界可言，自然无溢出之患。何况溢出之后，断开或反转之形全无描述，与《道德经》具象化比喻的行文风格不符。又，大西克说后字为愆，按《说文》："愆，过也"，溢出为过，也很难在道理上得到解释。

又如第十九章："绝圣弃智，民利百倍；绝仁弃义，民复孝慈；绝巧弃利，盗贼无有。""绝圣弃智"原本的针对性不强。但马王堆帛书的《五行》篇一出，便可以知道思孟一派最讲"圣""智"（理由详下），《道德经》中的言论明显指向于他们。但偏偏郭店楚简中这两句写作："绝智弃辨，民利百倍；绝巧弃利，盗贼亡又；绝伪弃诈，民复孝慈。"这样针对《五行》的批评便消失了。于是有人判断，在郭店之中同时发现儒道两家的文献，可以知道墓主人儒道兼修，所以删掉了相互间有针对性的话。但这种判断只能作为一种猜想而存在，它的问题在于，现存的《道德经》版本中，以郭店的竹简本为年代最久。除非将来发现有更早的本子上写着"绝圣弃智"的话，否则这个判断是缺乏根据的。

第四十一章"大方无隅，大器晚成"，马王堆帛书本作"大器免成"，仅从文意上看，"免成"似乎更可以同"希声"相对。但郭店竹简偏偏写作"慢成"，"慢"和"晚"的意思相对，一指过程，一指结果。如果从这个意义上看，马王堆帛书本的"免"字就应该作为"晚"字的一种原始写法或借字来做解释。

《太一生水》是与三组《道德经》简文相对应的另一种道家文献。它主要探讨的是宇宙起源的问题。看到《太一生水》这一部文献，可以知道宁波的"天一阁"命名错了。过去认为"天一生水"，阁楼又作藏书之用，取名"天一"是为了书籍防火。但"天"实为"大"之误，"大"亦即"太"。所以"天一阁"应命名为"大一阁"或"太一阁"更确。不过"太一"的含义亦有可商榷之处，《九歌》有"东皇太一"，故"太一"每被释为"神明"。而自"太一生水，水反辅太一，是以成天。天反辅太一，是以成地。天地复相辅也，是以成神明"一句来看，太一为一本质，别于天、地、神明，且三者均为其派生。古人多以自然为神、为偶像，即《九歌》中亦有云中君、河伯等，故不能以此否认"太一"为自然。又：《太一生水》为楚简，东皇太一亦为楚人所信仰，两者是否有关联，仍值得思考。

有人认为《道德经》文本与《太一生水》相连，所以二者本属同一文献。但郭店楚简之中，还有《语丛四》的一组简文，此中有："窃钩者诛，窃邦者为诸侯。诸侯之门，义士之所存。"《庄子·胠箧》引说："彼窃钩者诛，窃国者为诸侯；诸侯之门而仁义存焉。"庄子引《道德经》之句多称"老子""老聃"，此中未有，可知：一、至少在庄子时期，《道德经》已和老聃联系在一起；二、《语丛四》和《道德经》是并行的两种早期道家文献。所以，认为《太一生水》附于《道德经》之后，就必然是同一文献，或以此将郭店本《老子》认作《道德经》的原稿，都只是一厢情愿的猜测，在学理上靠不住。

从《语丛四》的这一句话中，可以读出其与道家的联系。但就整体来说，则又有一个贯穿的主题，即为"谋"。阴谋和道家思想联系在一起，这可能是最早的一例。但后来法家讲术、势，《史记》又称韩非"本于黄老"，大约也是汲阴谋于道家的意思。所以《语丛四》虽然是一组不完整的文献，但极具有研究的价值。

（二）儒家之部

在《郭店楚简校读记》中《五行》篇本在《缁衣》之后，之所以把它提前，是因为我认为这一篇乃是研究整部郭店儒家文献的总纲。虽然马王堆已有《五行》出现，但那是将经文与传文[①]合在一起的本子。郭店的楚简只出土了经文而没有传文，这是划分出了《五行》篇写作的先后，也让我们了解了这部文献的历史演变。

《五行》篇曰："'淑人君子，其仪一也'。能为一，然后能为君子，（君子）慎其独也。"或以为"能为一"和"慎其独"并不相干。但所谓"其仪一也"，指的是人前人后的行为一致，且都符合礼仪的规范。而这种一致性的体现，就在于"慎独"。帛书《五行》传文说："言至内者之不在外也。是之谓独。独也者，舍体也。""舍体"就是抛开身体，也就是依照内心。心之所发，所以能慎独。因此慎独的实质，是内心与外在一致。

"闻君子道，聪也。闻而知之，圣也……见贤人，明也。见而知之，智也。"聪明在于察，圣智在于知。前者在主观之感受，后者在客观之认知。聪明为圣知之基础，圣智为聪明之体会。故圣智之道，实为心之道。《五行》一篇，一在于提倡圣智，二在于解说慎独。两者均与心有关，因此也可以说《五行》的篇章是以心贯穿始终的。

《五行》篇所以得名，是其所提倡"圣智仁义礼"。《荀子·非十二

① 李零等诸先生定为"说文"，非。按先秦时期，传文和说文同为解释经文所用，但传文多作抽象解释或者补充材料，而说文则是用具体的寓言、故事等对经文做出阐释，详参本书《释"小说"》。

子》："略法先王而不知其统，然而犹材剧志大，闻见杂博。案往旧造说，谓之'五行'……子思唱之，孟轲和之，世俗之沟犹瞀儒……以为仲尼、子游为兹厚于后世。是则子思、孟轲之罪也。"可知《五行》一篇应是思孟学派的作品。

同样属于思孟一派的还有《缁衣》。《缁衣》一篇，现存于《礼记》，但唐代以前的学者（以《隋书·经籍志》为界线，因下引二书《子思子》和《公孙尼子》尚见《经籍志》著录）在引述此篇时，或引自《子思子》（《意林》《文选》），或引自《公孙尼子》（郑樵《诗辨妄》）。两者的文字均与今本有相合之处。有人认为两者是同一人的同一篇作品而收入两部不同的书籍当中，但我以为，正如墨家的《尚贤》《尚同》等章均分上中下一样，《墨子》上中下的划分是墨家三派均述墨子之言，而见地不一。子思、公孙尼的著作都述孔子的话，且主体雷同也并没有什么不对。但郭店和上博的文献所倡："有国者章好章恶，以示民厚，则民情不忒"①，与孟子"子率以正，孰敢不正""子欲善而民善矣"等思想十分相近，因此可以判断两篇简文一定是子思一派的作品。

《六德》篇为德行划了三个分组：一是圣智；二是仁义；三是忠信。又其列圣智于仁义之前。可知这同《五行》理念的一致，应也属子思孟轲一派的作品。

本篇讲"父子、君臣、夫妇"这六种关系，称为"六位"。这似乎很像后来的"三纲"。但两者不同在于：一、"六位"也者，六人所处。所以这六者是相互独立的，不存在"某为某纲"的问题；二、"六位"按照亲缘关系的远近排列，认为人伦高于社会契约。所以父子关系高出君臣关系、兄弟之情超过夫妻之情。这和后来置忠于孝之上，置君于父之上完全不同，甚至是"君父"的思想的反动。

---

① 本章在今文第十二章，而在郭店、上博两简书中处于第二章的位置，可见编述者对于此句的看重。另：第一章为孔子之序，详参本书《上博〈缁衣〉篇试译》。

子思发生父重于君的思想，并不奇怪。因为：首先儒家讲仁爱，是从自己的身上，以血缘为纽带生发出去的。所以《语丛三》说："爱亲，故其施爱人。"樊迟问仁，孔子回答为爱人。(《论语·颜渊》)因而，《语丛三》的意思是说，爱亲，所以施为仁道。父子是亲情，是天伦，君臣则不过是契约。当然，从《语丛三》上来看，子思也并不是没有君父思想。但别君于父，认为"君臣不相戴也，则可已；不悦，可去也；不义而加诸己，弗受也"。君臣关系只是拟血缘，是一种比拟的关系，所以用"义"来维系。义，可以解释为"仪"，如《诗经》中的"其仪不忒"，在郭店楚简《缁衣》就引作"其义不忒"。还可以理解为"宜"，《语丛三》就说"义，宜也"。所以君臣之义包含两个层次，一是对臣下含有一种拟亲情，二是任命和使役必须适当。两者消失其一，则臣下不需要对君主进行绝对服从，臣子"可去"，也可以对君主的命令"弗受"。其次，子思生于战国前期，那时天下分崩离析。所效忠的国君也好，国家也好，都不是一成不变的，士人有权选择去留。但父子关系天然形成，是人伦之本，自然无从选择。

与出土的道家文献相同，郭店竹简中儒家的部分也有一些异文可以颠覆我们的常识，帮助我们重新理解传世文献的含义。如《尊德义》篇："刑不逮于君子，礼不逮于小人。"这句话同《礼记·曲礼》："礼不下庶人，刑不上大夫"的意思很近。东汉郑玄的注说："礼不下庶人，为其遽于事，且不能备物。刑不上大夫，不与贤者犯法，其犯法，则在八议轻重，不在刑书。"近来的专家们重新句读，提出了"新解"，认为刑罚不以大夫为上，礼乐不以庶人为下，指的是一种平等的意识。但随着《尊德义》的出土，宣告了这种句读的破产。

"逮"的意思是"及"，且使用了"不逮于"这种句式，使文句再没有意动的歧义。本句话的意思是"刑法不能上及君子（取原意，有地位的人），礼乐不能下及小人（无地位者）"。但这种观念似乎与孔子所说、子游所述的"君子学道则爱人，小人学道则易使也"的理论相悖。（见

《论语·阳货》）但"夫子莞尔而笑，曰：割鸡焉用牛刀？"恐怕也未必不是出于真诚。所以"礼不下庶人"很有可能是孔子晚年对自己礼乐思想的一个修正，这个修正与早年思想抵牾是很正常的事。子游年少治理武城，孔子为了表示对他成绩的认同，以及在同学面前不好反对自己以前的言论，所以才说出"偃之言是也，前言戏之耳"的话。但这种思想却由他的孙子子思通过家学的方式传承下来。

再如同篇中的"民可使道之，而不可使知之。民可道也，而不可强也。桀不谓其民必乱，而民有为乱矣。受不若也，可从也而不可及也"。与《论语·泰伯》"子曰：民可使由之，不可使知之"的意思相类。过去这个"由"字，朱熹和二程都解释不清。于是反对孔子的一派认为是"使用"，本句意即只利用民众而不让民众懂得知识，那是十足的反智。但这一派的问题在于，孔子到卫国的时候曾经教导冉有，要先让百姓富足，然后教化百姓。（《论语·子路》）这样主张的人自然不是反智的。

于是有另外一种尊孔的人提出了新的句读，即读此句为"民可使，由之；不可使，知之。"意即百姓可以使用，就任用他们，否则（教化他们），使他们有智慧，（再来使用他们。）这种意思相对好些，但现在看来，也不是原意。《尊德义》中的"道"字，应该训为"导"的意思，即引导百姓，有潜移默化的施政之意。《论语》中与此相对应的"由"字，也可以意同此解。（"由"字本身也有道路的意思，自然也可以做同样的引申。）《论语》中的"知"对应竹简中的"强"，似乎不通。然其意是在解释一种社会现象，即对百姓的口头解释有时是生冷且强硬的。施政者掌握了绝对的话语权，过多的解释只会被百姓解读为绝对话语权的压迫。何况民智未开的时代，人民往往从自己的角度、现实的立场诠释政策，而不会从国家宏观的角度、长远的利益进行解读，即使有利的政策有时也难以推行。有鉴于此，不如将这种解释贯穿于潜移默化的施政之中。这是孔子的施政理念，本文作为考证文章不评价其是非，只还原孔子的立场。

（三）几个问题

几个值得注意的问题都是在文字方面的。如《性自命出》一篇，简文下篇第一章："**𢧵**"，"义之方也；义，敬之方也。敬，物之节也。笃，仁之方也。仁，性之方也"，李零先生训"方"为"手段、工具"，似乎在文字上无据。"方"有"比较"之意，我以为不如训为"类"或"属"。"义"应释为"仪"，"**𢧵**"，可拟训为"顺"。如此，则本句可释义为：顺从是仪节的一种，仪节是尊敬的一种。尊敬，就是物的要节。笃是仁的一种，仁又是性的一种。这样在句意上才通。

又如《语丛三》："志于道，**𠰷**于德，比于仁，游于艺。"李零先生断"**𠰷**"为"甲"，通为"狎"字，并举楚简《缁衣》为例，我亦觉得不通。按《缁衣》："德易狎而难亲"，意在陈述一个事实，并要针对这一事实做一个解决。所以就本质上来说，《缁衣》中对"狎德"还是持一种否定态度。但在本段中，无疑要表达的是肯定之含义，所以应同《论语·述而》，作"据"，且其在字形上确与"據"字相近，所以这样的断句应该更为妥帖。

在郭店的楚简中"**𣏾**"字曾多次出现，李零先生判断"**𣏾**"字为"末"，这是根据《语丛一》的文意来说的。《语丛一》中："凡物有本有**𣏾**，有终有始"，李零先生认为只有"末"才可以同"本"相对，故而做此判断。但若据《语丛二》而言，认为"悦"生于"末"，"末"生于"智"，则未免解释过于牵强。悦即快乐，智即智慧。由智慧派生，而又是快乐的根源，那便只有"分辨"。所以裘锡圭先生判断"**𣏾**"字为"别"，原因可能就在这里。但若以"别"字解，则《语丛一》又不通。

如果仅做字形上的判断，我们很难判断"**𣏾**"字到底为何。但从意义上说，我们可以求得《语丛一》与《语丛二》的兼顾，这样的判断便庶几无大错。"本"除了与"末"相对之外，还可以做"本源""本质"的含义（参考《尔雅·释器·疏》），与这个意义相对应的，应该是表象的意义。而快乐所由，智慧所生，判断所及，自然是附丽在表象之上的。所以这个字的本身是什么并不重要，它的含义应与"表象"的意义相关。《语丛一》又有："天生鲧，人生 𢑓。""鲧"为鱼名，或禹父之名，在这里无论"𢑓"字解释成何意，恐怕都不能通顺。另《语丛二》："名数也，由 𢑓 鲧生"同样不通，故其中的"鲧"字理应重新判读。

这些思考非薄学所能解释，故谨志在此，以求方家教我。

二、上博楚简《缁衣》篇释义

【说明】《缁衣》原是《礼记》中的一篇，相传为子思或公孙尼所作，但一直得不到确信。直到近年，在郭店出土以及上海博物馆所藏的竹简中，先后发现了《缁衣》一篇。这一篇与文属子思、孟轲一派的《五行》一同出现，可以确定属于思孟一派的作品。但考其顺序及个别字句，则与今本不同。亦无今本第一、第十六、第十八等三章。本文系对上博本《缁衣》简文的翻译，原文依据李零《上博楚简三篇校读记》。之所以采用上博本而不是郭店本，是因为译者认为郭店的墓主儒道兼修，因此有改动原文的可能①。值得一提的是，本文系孔子言论，子思不过是述者而不是作者，每一章节的"子曰"不过表示来源，所以通篇不使用引号。

【原文】子曰：好美如好《缁衣》，恶恶如恶《巷伯》，则民咸力而型不顿。《诗》云："仪型文王，万邦作孚。"

【译文】孔子说：喜好美好的事物就像喜欢《缁衣》，讨厌坏的事物就如同讨厌《巷伯》，这样百姓都会出力而不会因为过度疲劳而感到困

---

① 参考本书《郭店楚简学记》。

顿。《诗经》上说："在礼仪上效法文王，其他各国都会为之信服。"

【注释】本章今本作第二章，郭店、上博简本都作第一章。应以简本为是。盖因先秦文章的冠名往往取篇首之字，或者概括全篇而得。很显然全篇并非按照《缁衣》展开，而今本第一章中又无"缁衣"字样出现，并不符合先秦的命名标准。字句上的重要区别，上博本"好美如好《缁衣》，恶恶如恶《巷伯》"，郭店本同。今本作"好贤如《缁衣》，恶恶如《巷伯》"；"民咸力而型不顿"，今本作"则爵不渎而民作愿，刑不试而民咸服"。

《缁衣》是《诗经·郑风》中的一篇，过去受本章"好贤如《缁衣》"的影响，将本篇解释为国君为原来的贤士提供馆舍衣食等等。但现在知道原本作"美"字，实际上本诗说的是一位妻子为丈夫缝制新衣，让丈夫以美好的形象示人。《巷伯》是《诗经·小雅》中的一篇，讲对搬弄口舌、陷害贤良之人的痛恨。"巷"指宫中的小路，"巷伯"也就等于后来的"宦官""太监"，这里是作诗者（寺人孟子）的自称。可能是作者受到陷害，受了宫刑，因此悲愤作此诗。两句话的意思："喜好美好的事物就像喜欢《缁衣》，讨厌坏的事物就如同讨厌《巷伯》。"从道理上不通。今本删掉两个"好"字，应该是汉代经学家的改动。我们受到后来的影响，总觉得对经文的改动是不尊重作者原意的。但有时经学家出于文通字顺，进行一些改动可以使原文更加合理，并在这种合理的文字基础之上，产生对经典的解释。这也是传世本优于出土文献的地方。

上博本将"仪刑文王，万国作孚"写作"仪型文王，万邦作孚"，应是《诗经》原文。改"邦"为"国"，是后来经学家避汉高祖讳而改。今本出现两个"刑"字，上博本均作"型"。按《说文》："《诗》毛传屡云'法也'。又或段形为之。左传引《诗》：'形民之力，而无醉饱之心。'谓程量其力之所能为而不过也。"可知"仪型文王"之"型"当解作效法，"民咸力而型不顿"之"型"应该解释成量民之力的意思。

【原文】子曰：有国者章好章恶，以示民厚，则民情不忒。《诗》云："靖恭尔位，好是正直。"

【译文】孔子说：国君应该提倡正义憎恨丑恶，向民众表示亲厚，这样民众的情感就不会出现差错。《诗经》上说："谨慎恭敬地对待你的君位，喜欢那些正直善良的大臣。"

【注释】本章与传世本在个别字句上有所区别，但影响不大。"民情不忒"，传世本作"民情不二"，两简本均作"民情不弋"。但从简文本身来看，"弋"与"忒"通。如下文传世本《诗经》《礼记》《荀子》等均写作"其仪不忒"，但两简本就写作"其仪不弋"。所引之诗出自《诗经·小雅·小明》，上博简本写作"静龚尔立，好是正植"，李零先生读作上文。郭店本作"情共尔立，好氏贞植"。上古字同音代替者屡有，简本尤为如此，故李零先生按今传本断句，应是。"贞"与"正"通，如《道德经》三十九章："侯王得一以为天下贞"，一本作"侯王得一以为天下正"。

【原文】子曰：为上可望而知也，为下可述而志也。则君不疑其带臣，臣不惑于君。《诗》云："淑人君子，其仪不忒。"《尹诰》云："惟尹允及汤，咸有一德。"

【译文】孔子说：作为领袖（应该让他的臣子）一望就知道他的想法；作为臣子，应该通过他的表奏就知道他的志向。这样国君不怀疑他的重臣，臣子不会为揣测国君的意愿而迷惑。《诗经》上说："贤淑的君子啊，他的内心和表现不会出现差错。"《尚书·尹诰》说："只有伊尹和汤王，能够有内外一致之德。"

【注释】《缁衣》篇为孔子的思想，为子思学派所整理，所以很是强调子思一派君使臣以义，臣事君以忠。所以君主应该坦荡，臣子应该直白。这一点跟后来法家的道术势之说完全相悖。"淑人君子，其仪不忒"一句，出自《诗经·曹风·鸤鸠》，马王堆帛书《五行》及郭店楚简《五行》篇用同篇诗句证明"君子慎独"。可见此句在本章中应理解为内外的表现如一。《尹诰》，清华简中有此篇，今本《尚书》作《咸有一德》，与清华简中的文段有很大出入，可能今本是伪托。"尹允"，应是伊尹的另一种写法。今本《礼记》作"尹躬"，非是。

【原文】子曰：上人疑则百姓惑，下难知则君长（劳。故君民者，章好以示民）欲，谨恶以御民淫，则民不惑。臣事君，言其所不能，不辞其所能，则君不劳。《大雅》云："上帝板板，（下民卒瘅。"；《小雅》云）："惟王之邛。"

【译文】孔子说：领袖的想法如果令人疑惑，那么百姓就会对政局感到惶惑；大臣的情况如果难以掌握，那么君王就会为此永久地辛劳。所以君临万民的人，应该彰显自己的喜好来引导民众的需求；恭谨地表示自己的讨厌以防止百姓过度（的厌恶），这样民众就不会惶惑了。臣子为君王服务，不说他做不到的事，也不推辞他能办到的事，这样，君王就不会劳苦了。《诗经》上说："神祇们违法常规，令小民遭受苦难。"《小雅》上说："只会为君王带来祸殃。"

【注释】两篇引诗，前一篇出自《诗经·大雅·板》，后篇引自《诗经·小雅·巧言》。

【原文】子曰：民以君为心，君以民为体。（心好则体安之），君好则民欲之。故心以体鹰，君以民亡。《诗》云："谁秉国（成，不自为）正，卒劳百姓。"《君牙》云："日暑雨，小民唯曰命；资冬祁寒，小民亦唯曰令。"

【译文】孔子说：民众以君王为心脏，君王以民众为躯体。内心安定那么身体就舒适，君主喜欢的事物，民众必然也想得到它。所以心脏以躯体为法则，君王因民众而灭亡。《诗经》上说："谁在执掌国家的权柄？自己的行为不正，最终拖累百姓。"《尚书·君牙》说："白昼酷暑多雨，小民们只有说这是上天的命令；深冬的时候十分寒冷，小民们也只有说这是上天的命令。"

【注释】上面的引诗，出自《诗经·小雅·节南山》。《君牙》篇的两句引文李零先生作："日暑雨，小民唯日怨；资冬祁寒，小民亦唯日怨。"译者参考楚简原文（详参马承源《上海博物馆藏战国楚竹书（一）》，下同）对李零先生的校读做出了一定修改。

【原文】子曰：上好仁，则下之为仁也争先，故长民者，章志以昭百姓，则民致行己以悦上。《诗》云："有觉德行，四国顺之。"

【译文】孔子说：君主喜欢仁德，那么臣子也就会争先恐后去做仁德的事。所以作为领导民众的人，应该彰显自己的志向以昭示百姓，这样百姓就会把它贯彻到自己的行为之中而使领袖高兴。《诗经》上说："有光大的德行，四方国家都会顺从。"

【注释】引诗出自《诗经·大雅·抑》。

【原文】子曰：禹立三年，百姓以仁道，岂（必尽仁。《诗》云："成王之孚，）下土之式。"《吕刑》云："一人有庆，万民赖之。"

【译文】孔子说：大禹当君主三年，百姓都施行了仁道，难道他们都是仁人吗？《诗经》上说："周成王的诚信，是四海的典范"。《尚书·吕刑》上说："一人有了值得恭贺的德行，民众也会依赖他（而走向正途）。"

【注释】引诗出自《诗经·大雅·下武》。这里需要做的唯一的解释是，儒家对于"仁人"的要求是很高的，并不仅仅在于一个人能行仁道而已。曾子说："士不可以不弘毅，任重而道远。仁以为己任，不亦重乎？死而后已，不亦远乎？"（《论语·泰伯》）孔子说："仁远乎哉？我欲仁，斯仁至矣"。（《论语·述而》）可见每个人施行仁道都是有可能的。但这并不等于这个人就能成为仁人，孔子曾说过："若圣与仁，则吾岂敢？"（《论语·述而》）而且他眼中的仁人都是古代的圣贤，如微子、箕子、比干等。可见其对"仁人"的要求之高。

【原文】子曰：下之事上也，不从其所命，而从其所行，上好（此物也，下必有甚焉者矣。故）上之好恶，不可不慎也，民之表也。《诗》云："赫赫师尹，民具而瞻。"

【译文】孔子说：臣子侍奉君主，不是按照他的命令行事，而是根据他的行为行事。君主喜欢某一样东西，臣子必然会有加倍喜欢这种东西的。所以君主的喜欢和厌恶，不可以不慎重，因为会起到对民众的表率作用。《诗经》上说："威严的太师和史尹啊，百姓们瞻仰你的行为而做事。"

【注释】引诗出自《诗经·小雅·节南山之什》。本句引诗为今本所无。按简本一般以《诗经》作结。偶有以《尚书》作结者，但必有《诗经》在其前。今本则没有这个规律。另：简本的引诗往往只引一句，而今本有多出者，如今本第十七章（对应简本第五章）和第九章（对应简本第九章）。

【原文】子曰：长民者衣服不改，从容有常，则（民德一。《诗》云："其容不改，出言有训，黎民）所信。"

【译文】孔子说：主宰人民的人，衣服的形制不做改变，举止的风格和日常的神情也不发生变化，这样民众的品格就会内外一致。《诗经》上说："他们的神情不改变，说出口的话可以成为法则，百姓们对他们都很信任。"

【注释】引诗据郭店本补，文句不见于今本《诗经》，可能是佚诗，也有可能是《小雅·都人士》的原始版本（今本《缁衣》的同句就引自此篇），但句式和韵脚与今本均不同。训，法则之意，如"不足为训"。

【原文】子曰：大人不亲其所贤，而信其所贱，教此以失，民此以烦。《诗》云："彼求我则，如不我得。执我仇仇，亦不我力。"《君陈》云："未见圣，如其人弗克见。我既见，我弗迪圣。"

【译文】孔子说：统治者不亲近他所认为的贤人，而信任那些他所看不起的人，教化因此产生过失，民众因此产生头脑的混乱。《诗经》上说："他有求于我的时候，唯恐得不到我。但使用我的时候像对待仇人一样，而且不用我出力。"《尚书·君陈》说："没见到圣人的时候，就像那个人永远不能见到一样；已经见到了圣人，却又不能遵循他。"

【注释】引诗出自《诗经·小雅·正月》。本章意在说明一种心态，统治者一方面希望见到贤人，但当贤人真正到来的时候却不能遵从，却任用一些自己也看不起的奸佞之徒。就像后来刘向《新序》中所说的叶公好龙。《尚书·君陈》把这种心态看得十分深入，现在的一些领导人物，依然存在着这样的丑态。烦，按《说文》："热头痛也，从页从火。"这里解释为头脑产生的混乱。迪，《说文》："道也，从辵由声。"这里作动词，解释为遵循。

【原文】子曰：大臣之不亲也，则忠敬不足，而富贵已过。邦家之不宁也，（则大臣不治，而褻臣托也。此以大臣）不可不敬也，民之蕰也。故君不与小谋大，则大臣不令。《祭公之顾命》云："毋以小谋败大作，毋以嬖御塞庄后，毋以嬖士塞大夫、卿士。"

【译文】孔子说：不亲近大臣，那么臣子对领袖的忠、领袖对臣子的敬都会不足，然而富有和地位都已经超出。国家的政治不宁静，这样大臣无权治理国家，而将国事托付给近臣。因此，对大臣不能不敬重，因为他们是民众中地位最尊的人；所以君主不跟地位卑贱的人讨论国家大事，这样大臣就不会私下命令。《尚书·祭公之顾命》说："不要用短浅的计谋败坏长期的规划，不要用那受宠的车夫而让尊贵的领袖寒心，不要用受宠的士人让大夫、卿士寒心。"

【注释】这里说的是对贵族的重视，因为春秋时期，礼崩乐坏，贵族的富有和地位（富贵）往往超出了其所应得。如果统治者对他们不够重视，一味从底层选拔人才，则会令世袭的贵族感到寒心，从而使他们无视军权，私下命令。"蓏"，《说文》："朝会束茅表位曰蓏。从艸绝声。"用在这里可能是表明他们的地位。"蠹"，《说文》："伤痛也。从血、聿，皕声。"这里用作动词。《祭公之顾命》不见于今本《尚书》，《逸周书》里面的《祭公》一篇与它类似。但简文《缁衣》全篇通引《诗》《书》，所以做了这样的处理。

【原文】子曰：长民者教之以德，齐之以礼，则民有耻心。教之以政，齐之以刑，则民有免心。故慈以爱之，则民有亲。信以结之，则民不倍。恭以莅之，则民有逊心。《诗》云："吾大夫恭且俭，靡人不敛。"《吕刑》云："苗民非用龗，折以刑，惟作五瘧之刑曰法。"

【译文】孔子说：人民的领袖用德行来教化民众，用礼仪来规范他们的行为，这样民众就会有廉耻之心。用政令来教化民众，用刑罚来规范他们的行为，那么民众就会有免于刑罚的心态。所以用像父亲的慈爱来爱护民众，那么民众就会亲近领袖；用诚信来团结民众，那么民众就不会背叛；以恭敬的态度管理民众，民众会生发谦逊的心理。《诗经》上说："我国的大夫恭敬并且俭朴，没有人不俭朴。"《尚书·吕刑》上说："三苗地区的人民不用神明教化，而用刑罚来使他们屈从，只是制定了五种令人感到水深火热的刑罚，叫作法律。"

【注释】本章所引《诗经》应该是一首佚诗。相似的孔子言论参考《论语·为政》："道之以政，齐之以刑，民免而无耻；道之以德，齐之以礼，有耻且格"。"折"，李零先生读为"制"，从楚简原文改。

【原文】子曰：政之不行，教之不成也。则（刑罚不足耻，而爵不足劝）也。故上不可以褻刑而轻爵。《康诰》云："敬明乃罚。"《吕刑》

云："播刑之迪。"

【译文】孔子说：政令无法施行，教化没有成效，那么刑罚不足以使人觉得耻辱，爵位也不会让人感到荣耀。所以领袖不可以滥用刑罚、轻易赏赐爵位。《尚书·康诰》说："恭敬、公开才可以实行处罚。"《尚书·吕刑》说："实施刑罚应该遵从道义。"

【原文】子曰：王言如丝，其出如绸。王言如索，其（出如绋。故大人不倡流。《诗》云："慎而出话），敬尔威仪。"

【译文】孔子说：君王说话谨慎如细丝，一旦说出就要结实如穿钱用的绸绳；君王说话的谨慎就像绳索，一旦说出就要坚实像拉棺材的大绳。所以身居领导位置的人不提倡流言。《诗经》上说："谨慎你所说出的话，恭敬对待你的威严和仪容。"

【注释】引诗出自《诗经·大雅·抑》。

【原文】子曰：可言不可行，君子弗言；可行不可言，君子弗行。则民言不危行，行不危言。《诗》云："淑慎尔止，不愆（于义）。"

【译文】孔子说：只是口号而无法实现的话，好的领袖不会去说；可以做到但不能明言的事，好的领袖不会去做。这样，百姓的言论不会超出他的行为，行为也不会超出言论。《诗经》上说："谨慎你的行为举止，不要在道义上出现过失。"

【注释】引诗出自《诗经·大雅·抑》。

【原文】（子曰：君子道人以言，而恒以行），故言则虑其所终，行则稽其所敝。则民慎于言而谨于行。《诗》云："穆穆文王，于缉熙止。"

【译文】孔子说：君子用言论去引导别人，但却以日常的行动来教化他们。所以说话就要考虑到后果，行动就预先考察它的弊端，这样民众就会谨慎地说话、慎重地行动。《诗经》上说："那言行美好的周文王啊，正是光明的所在。"

【注释】引诗出自《诗经·大雅·文王》，引文今本作"穆穆文王，于缉熙敬止"。

【原文】子曰：言率行之，则行不可匿。故君子顾言而行，以成其信，则民不能大其美而小其恶。《大雅》云："白珪之玷尚可磨，此言之玷不可为。"《小雅》云："允也君子，展也大成。"《君奭》云：（"昔在上帝，割申观文王德，其）集大命于是身。"

【译文】孔子说：用言语领导行动，这样行动就无法掩饰。所以君子考虑说出的话然后行动，以此来建立他的诚信，这样民众就不会夸大他的优点而缩小他的缺点。《诗经·大雅》上说："白玉上的瑕疵可以通过打磨来处理。这句话有了瑕疵就没有办法处理。"《诗经·小雅》说："君子很诚信啊，诚信取得成功。"《尚书·君奭》上说："过去的神祇，划分申地以观察文王的品德，将大任集中到他的身上去。"

【注释】引诗之一出自《诗经·大雅·抑》，之二出自《诗经·小雅·车攻》，引《尚书·君奭》的文句亦见于今本。不过引诗《诗经·大雅·抑》以及《尚书·君奭》的文句均与今本有所不同。展，《诗经》毛传曰："展，诚也。""割申观文王德"，今本《尚书》作"周田观文王之德"，简本的意思很难解释，这里只是给出一种试译。

【原文】子曰：君子言有物，行有格，此以生不可夺志，死不可夺名，故君子多闻，齐而守之；多志，齐而亲之；精知，略而行之。（《诗》云："淑）人君子，其仪一也。"《君陈》云："出入自尔师虞，庶言同。"

【译文】孔子说：君子说话要有内容，行为符合正道，这样活着不可以改变他的志向，死后不可以改变他的名声。所以君子要多听意见，选择最好的去坚守它；树立多种志向，选择最好的去接近它。见识精深，只践行那些精神的东西。《诗经》上说："贤淑君子的啊，他的内心和表现一致。"《尚书·君陈》说："要与众人反复商量，大家意见相同，（然后施行）。"

【注释】引诗出自《诗经·曹风·鸤鸠》。两"齐"字，李零先生读为"质"字，这里从原文改。齐，《说文》："禾麦吐穗上平也，象形。"这里引申为好的、优秀的。

【原文】子曰：苟有车，必见其辙。苟有衣，必见其（敝。人苟有言，必闻其声。苟有行），必见其成。《诗》云："备之亡怿。"

【译文】孔子说：如果有车走过，一定会看到轮印；如果有一件衣服，一定会看到它破旧的一天；人如果说话，一定会听到声音回响；如果有行动，一定会见到它的成绩。《诗经》上说："将它留下，而不是厌倦。"

【注释】引诗出自《诗经·周南·葛覃》。"备之亡怿"，李零先生读为"服之亡怿"，从原文改。今本《礼记·缁衣》作"服之亡射"，今本《诗经》作"服之亡斁"。怿、斁、射，三者音近。《诗经·周颂·清庙》："骏奔走在庙，不显不承，无射于人斯。"此中"射"读作yì，意为厌恶，与"斁"的含义相同。这里的"怿"疑为借字。

【原文】子曰：私惠不怀德，君子不自留焉。《诗》云："人之好我，示我周行。"

【译文】孔子曰：私下里施行恩惠，但不求对方怀有感恩，君子不做自我保留。《诗经》上说："他人对我好，在于把我引上大道。"

【注释】引诗出自《诗经·小雅·鹿鸣》。"私惠不怀德"，今本作"私惠不归德"二者一字之差，而意义大不相同。归德，看重的是别人对自己德行的美誉；怀德，是自认为有德，是行善之后的快乐感与道德感。由此可见，纯粹的行善而不做道德的保留，是孔子那时便定下的唯善标准。叔本华的圣人论，还较孔子为晚。

【原文】子曰：唯君子能好其匹，小人岂能好其匹？故君子之友也有向，其恶也有方。此以迩者不惑而远者不疑。《诗》云："君子好逑。"

【译文】孔子说：只有君子能让自己的朋友走向正道，小人怎么能让自己的朋友走向正道呢？所以君子的朋友有共同的志向，讨厌的对象也是一种类型。这就是君子让他们亲近的人不迷惑、疏远的人不怀疑的原因。《诗经》上说："君子能够让他的伴侣变好。"

【注释】引诗出自《诗经·周南·关雎》。"关关雎鸠，在河之洲；窈窕淑女，君子好逑"，这是历来传颂的名句了。"君子好逑"一句，毛传解释为"宜为君子之好匹也"。把好解释为形容词，这种解释得到了历来的认可。但也有人将"好"释为动词，读为hào，即为君子喜欢这样的配偶。但从本章可知，"君子能好其匹"，匹与逑同义，好做使动词解，意为使其好。《关雎》下文"琴瑟友之""钟鼓乐之"云云都是这种使其好的方式。

【原文】子曰：轻绝贫贱而重绝富贵，则好仁不坚，而恶恶不著也。人虽曰不利，吾弗信之矣。《诗》云："朋友攸摄，摄以威仪。"

【译文】孔子说：轻易断绝和贫穷位卑之人的交往，而慎重断绝与富有位尊之人的交往，那么他喜欢仁德也不会不坚定，讨厌丑恶也不明显表现出来。别人虽然说他不是贪利之人，我不会相信他。《诗经》上说："朋友之间相互引导和扶持，用威严和礼仪来扶持对方。"

【注释】引诗出自《诗经·大雅·既醉》。

【原文】子曰：宋人有言曰：人而亡恒，（不可为卜筮也。其古之遗言舆？龟筮犹弗知，而况于人乎？《诗》）云："我龟既厌，不我告犹。"

【译文】孔子说：宋国有人这样说："人如果恒常之心，就无法为他卜筮。"这是古代流传下的话吧？龟筮之术尚且不能知道结果，何况是别人的态度呢？《诗经》上说："龟壳已经表现出厌倦，不告诉我应该怎样谋划。"

【注释】引诗出自《小雅·小旻》。

【总说】以上我们翻译完了上博楚简本的《缁衣》篇。在郭店出土的楚简之中，《缁衣》一篇与《五行》《六德》《成之闻之》《语丛三》等列在一起，从文意当中可以看到它们之间的相互关联。《五行》篇可以确认为思孟一派的著作，因此我们将这一系列的文章都归于思孟，恐怕在学术上也没有大错。《六德》，李零先生后来又校为《六位》。但我们觉得"五""六"相对，"德""行"相对，这种命名很符合先秦思想的提炼方式。

《缁衣》一篇全述孔子的言论，但历来的学者对它的重视不够。现行的几种《礼记》的译本对于此篇的翻译和注释的处理也显得过于草率，因而多有遗憾、缺失处。在这里，我们用上博楚简作为底本，以郭店楚简作为参照，做出这样一部翻译，试图还原这篇文献的原貌，探索当中的真义。译者年轻薄学，疏漏之处亦在所难免。聊作此篇，望能请教于方家。

伍 《道德经》别解

一、有与无：从一个艰难的断句开始——谈《道经》第一章

（一）"道可，道也，非'恒道'也"

《老子》这部书被分成上下两篇，以三十八章为界，之前的三十七章为《道经》，三十八章及以后为《德经》。这种划分绝非汉代以后的学者臆测出来的。因为早在马王堆本《老子》中，就是以三十八章为全书的起首。可以知道全书确实分成两篇，而且两篇的顺序在历史上还曾经被调换过。只是我们无法知道，在最初的《道德经》底本中，到底是《道经》在前还是《德经》在前。

实际上，《道德经》是提倡"万物莫不尊道而贵德"的，也就是说《道德经》的作者以道为尊，以道的社会为尊，但却不认为那可以实现，现实中能达到的境界只是德的境界，因此书中多呼吁恢复玄德之治。"德"与"道"，一者为主张，一者为理想，二者本没有先后之分。所以无论《道经》在前，还是《德经》在前，实际上都有道理。

《道经》的第一句话，通行本作"道可道，非常道，名可名，非常名"，但马王堆出土的帛书两本都作："道可道也非恒道也，名可名也非恒名也。"通行本和帛书本有两个区别，一个是帛书本的"恒"字通行

本都写作"常"，这是汉初尚黄老的时候，为了避汉文帝刘恒的讳而做出的改动，所以两者在本质上没有任何区别。另一个是帛书本在四个分句后面各多了一个"也"字，这个区别便值得我们深入讨论了。

按照先秦诸子书一般的道理，凡是以"也"字作结的多是判断句式。或者是提出概念（《孟子·离娄上》："嫂溺援之以手者，权也"），或者是对概念的阐释（《庄子·逍遥游》："《齐谐》者，志怪者也"），或者是对前文的补充（《孙子兵法·计篇》："兵者，国之大事，死生之地，存亡之道，不可不察也"）。"道可道也非恒道也，名可名也非恒名也"两个分句的形式相同，我们只举出一半加以分析。

如果按照通行本的方式点断帛书本作"道，可道也，非恒道也"，则出现两种句义。一种是提出概念，即解释何谓"非恒道"，考察《道德经》全书，不再出现"非恒道""非恒名"的概念，所以这种解释不能成立。第二种是用"非恒道也"对前边的概念做一个补充。可是这里的麻烦在于，前文并没有把"道"作为一个独立的概念提出，"可道"二字在后，已经限制了"道"的本身，所以作为概念而言，也就谈不到对"道"做出解释和补充。何况"非恒道也"中的"恒"也是一个未经解释过的概念。用一个未知解释另一个未知，显然不符合中国名学的习惯。而《道经》的篇首将"名"与"道"并列提出，证明作者本身是十分了解名学和重视名学的，因此这种解释也不能成立。

所以这两句话，应该阐释的是"恒道""恒名"这两个概念，或者更为确切地说，是解释"恒"这个概念。但需要注意的是，"恒"是依附于"道"和"名"而存在，所以最终的目的还是指向"道"和"名"。换而言之，也就是指明本书所说的"道"和"名"特指"恒道""恒名"而言，做好了这个铺垫，才可以进一步进行下面的文章。

另一个旁证在《韩非子·解老篇》中。韩非子在解释"道可道非常（恒）道也"这句话的时候，也是重点强调于"常（恒）"："常（恒）者，无攸易，无定理。无定理，非在于常（恒）所，是以不可道也。"

根据以上的证据，我们可以将《道经》的首句初步断句为"道可道也，非'恒道'也；名可名也，非'恒名'也。"

但这种点断并非最终的答案，因为点断之后，这句话还可以有两种断句和解释，即"道，可道也，非'恒道'也；名，可名也，非'恒名'也"或"道可，道也，非'恒道'也；名可，名也，非'恒名'也"。第一种断句方法是通常的方式，看似合理，实则造成了概念的混乱。而我们所采取的第二种方式，则是用"道"来解释"恒道"，跟下文用"有"解释"恒有"，"无"来解释"恒无"同出一路（无，名万物之始也；有，名万物之母也。恒无，欲也，以观其眇；恒有，欲也，以观其所徼），因此也最为得当。

事实上，《道经》第一章与第二章是在两个方向上对"恒"这一概念进行解释，第一章是用反向对比的角度解释"恒"不是什么，而第二章则是用美恶、善与不善、有无、难易、长短、高下、音声、前后等外在的表现形式来解释"恒"。这也是古人在解释事物时最朴素、最常见的两种方式，一是现象的罗列，一是反向的否定。并且按照老子的逻辑，否定的界定总应该在事实的罗列之前（这一点，我们在后文还将反复提到）。由是，《道经》中的第一章也就成了下文的总纲。所以我们判断，《道经》首句的句读应是：

道可，道也，非"恒道"也；名可，名也，非"恒名"也。

（二）"有"与"无"

"无，名万物之始也；有，名万物之母也。故恒无，欲也，以观其眇；恒有，欲也，以观亓所噭。两者同出异名，同胃玄之有。玄，众眇之门。"

这里首先要说明两个字，"眇"就是"妙"，"亓"就是"其"，"噭"就是"徼"。其次就句读而言，上文中指出"道""名"两个概念的意义，并初步指出"恒"的含义，接下来便要做进一步的说明。"无"和

"有"都是名的一种，前者用来命名万物的开始，后者用来命名万物的出生。值得注意的是，通行本（以王弼的注本为准，下同）中写这句作"无名天地之始，有名万物之母"，一个针对天地，一个针对万物，并不指同一对象而言。而帛书本《老子》则同谓"万物"，使概念同一。

事实上，只有针对同一事实才有所谓有无，不针对同一事实，有无便没有任何意义。例如有甲乙两个人，甲说："我有一个苹果。"乙也许说："我没有一个苹果。"这才是对话。而乙若说："我没有任何葡萄。"那么对话就再进行不下去。有趣的是，不知是我们通行的底本在流传过程中发生了变化，还是王弼本人考虑到了这种设想的不妥。他在注释的时候，就写道："凡有皆始于无，故未形无名之时，则为万物之始。"易"天地"为"万物"，令这句话有了正确的含义。

接下来两句，通行本点断为"故常无，欲以观其妙；常有，欲以观其徼"。这是中间"欲"字后面没有"也"字的缘故，有一个"也"字在这里，又不是表示转折或并行，所以必须在这里进行一处标段。因而，这句话高明先生的点断是："故恒无欲也，以观其眇；恒有欲也，以观亓所噭。"这就是把"恒无欲""恒有欲"当作两个概念进行解读，但考察《道德经》的全文，"恒无欲""恒有欲"的概念很少出现，即使"无欲""有欲"这两个词语，也没有作为对立的形式来阐述。根据前边因"道"与"名"阐释"恒道""恒名"的一贯，这里也应该是用"有""无"来阐释"恒无"和"恒有"。所以我将这里断句为"故恒无，欲也，以观其眇；恒有，欲也，以观亓所噭。"

在这里，我们首先要知道，老子的空间是四维的。《道经》第五章说："天地之间，其犹橐龠乎？虚而不屈，动而愈出。多闻数穷，不如守中。"很多人把"橐龠"翻译成风箱，不知道依据何在。事实上，先秦时代，多依单音词。"橐"是口袋，"龠"是笛子。所以老子所设想的天地之间应该像两头通透的口袋。像口袋，周而复始，是循环。像笛子，没有两端，是无极。天地之间，空间上没有始终，是循环往复的；

时间上向前可以无限延伸，向后可以无限延长，是无极的，"橐龠"的形状就是四维的形象化。所以，这是《道德经》的作者为我们建立的一个包含时间、空间在内的四维空间体系。也因此，他将"有""无"规定为三维空间的有无。

事实上，中国先秦时代很多思想家便具有四维空间的意识，只不过由于后来的学者对此进行具象化解读，致使中国原本的宇宙空间概念丧失。如《尸子》说："上下四方曰宇，古往今来曰宙。"宋朝的陆九渊解释这句话，曰："宇宙便是吾心，吾心便是宇宙。"他将宇宙缩小为心内，建立了所谓的"心学"。其实这种"创建"不但破坏了中国原有的四维空间体系，而且将其细微化、抽象化。

——"无"就是在万物发生的开始。万物发生之前，没有万物，因此规定"有"或者"无"便没有意义。只有在发生的一瞬，将生未生之机才是"无"，因而代表"无"的概念只是时间上的一点。而万物发生之时，便是脱离母体，因此谓之"母"，这才是与未发生之时的相对，也才谓之"有"。而一旦"有"，一旦发生，"长之、育之、亭之、毒之"（王弼注），那便不再是"母"的行为，也是在"有"之后的概念。所以代表"有"的概念也不过是时间上的一点。把这两个概念（恒无、恒有）定义在"时间"这个坐标轴上，且无限接近。

因为时间是不确定且永恒消逝的，所以没有绝对的无，因此也不会有绝对的有。"恒无""恒有"都是设想而得的（欲也），故而是"同出异名"。因为万物的出现标志着"恒无"的产生，也只有万物的出现，"恒无"才有意义。所以立足于"恒无"，实际上是向"无"的反向，也就是"有"的方向去观察。观察"有"，就能看出万物的"妙"处，"道"在精微之处的极致。同样，立足于"恒有"，也就是向"无"的方面去观察，体察的是万物发生的根本，也就是"道"的本原[①]。

---

① 《说文》："徼，循也。"又"循，行顺也"。

"恒无""恒有"都是假设出来的，"道"的观察点，在这一点上，二者是相同的。而这个意义上的同，我们命名为"玄之有"。通行本《道德经》此句作："此两者同出而异名，同谓之玄。玄之又玄，众妙之门。"但帛书本的出土，我们发现两个"玄"字都是衍文，高明先生断此句作："两者同出，异名同胃，玄之又玄，众眇之门。"这种句读的缺失在于，两者（高明认同王弼的说法，认为两者指代"始"与"母"）"异名同胃"，"异名"可以理解，但"同胃（谓）"的指代却不详，既是指同一本体，也可以释为指同一变化趋向。而所谓"玄之又玄，众妙之门"的对象指代不明，同时"玄之又玄"的意义亦不可解。

因此，笔者认为，《道经》第一章都是对概念的解释，最后一句当然也不应该例外。忽然出现一个"玄之又玄"，并不能更好解释或引申"恒无""恒有"（或王弼所称"始"和"母"）的含义，而只能让学者陷入对"玄"的探讨，也就陷入更加混乱的处境之中。我在这里将其句读为："两者同出异名，同胃玄之有。玄，众眇之门。""玄之有"，是帛书甲本的写法，帛书乙本作"又"。"又""有"古书同，我们这里统一为"有"。这里用"玄之有"来解释"恒无""恒有"，是将"有""无"的含义最终归结到一个意义上来。而后文中"玄，众妙之门"，则又是以前文的"妙"来解释"玄"，这样便把"玄之有"的整个含义都解释清楚了。

老子说，"玄"是众妙之门。"妙"是从"恒无"的立场观察出来的"道"，也就是"有"的方向上的"道"。"玄之有"，也就是立足在"恒无"之上的"有"，是"有"的方向上的"有"。而"有"本身则又是向"无"的方向反观的。所以"玄之有"也是"无"的方向上的"无"。将"有"的方向和"无"的方向并列汇合在一起，终于形成整个的"道"。所以从"道"的意义上来说，既有"是"的方向的一面，也有"非"的方向的一面。所以"玄之有"实际上就是"恒道"的另一种说法。

（三）再谈"有""无"

上文是从古本《道德经》中生发出去的，并且仅仅停留在学术的意义上。然而这个题目在学术上还有值得深入的空间，并且也应该有更广阔的含义，哲学上的、逻辑上的内容。

我们首先跳出《道德经》，从文字的角度来定义"无"这个概念。在中国的文字里，繁体的"無"和简体的"无"原本是两个字，后来经过简化，两者才变为了同一个汉字。后者代表绝对的"无"，是一种空寂；而前者是相对的"无"，是 0，虽然同样意味着没有，但它却是计算的第一个数字，代表的却是可以有、将会有，是一种开始，也是一种希望。还有一个"亡"字，它是"無"字的通假，但却具有另一种含义，意味的是一种丢失，是一种本有其事，却终归于无，那是一种放弃，或者一种解脱。"无"的三种划分，是庞朴先生最先发明的，我不敢掠美前辈，但却深深同意这种意见。

而"有"字的正字只有这唯一的一种写法，但它可以作为"又"的通假字。"又"和"有"在先秦文献里特别通用，在帛书《道德经》中这样的例子更多。所谓"又"，就是更一、再一，就是"有"的自我确证。《道德经》说"有无相生"，一方面指"有"和相对的"無"都生于绝对的"无"，也就是老子所说的"一生二"。另一方面也是说"有"经过确证，可以得出结论是继续存在（"又"）还是本来存在却已经消失（"亡"）。上述的关系可以用一张图作为表示（参考图 1）。图中最终端的"無""亡"和"又"三者，又是由"有"与"无"生出的，这就叫"二生三"。

这里的"无"也是"恒無"，恒无的方向就叫玄览。"览"，帛书本作"鉴"，就是一面镜子。所谓"修除玄鉴"那就是回到玄览的源头上去，也就是归于道。换而言之，即在道的第一派生上观察"道"，自然得到"道"的妙处。（恒无，欲也，以观其妙）。

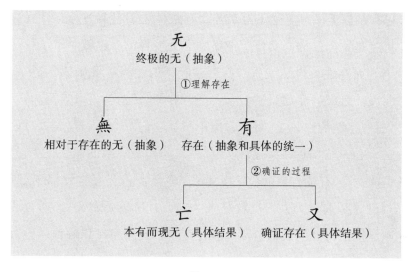

图 1

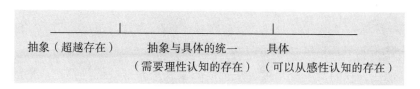

图 2

　　"有"的派生过程，其实是确证。确证，其实也就是认知，已经有人的意识参与其中了。没有人类意识参加的自然就是"道"，有人意识参加的符合自然规律的，就是"德"。"有"生于道，但派生的过程却是由"德"来主宰，这就叫"道生之，德育之"。有世界，有存在，就永远不会出现终极的"无"，这便是"三生万物"。于是体会道的办法就只能是立足于"有"，观察其变，这样便可以追溯其源，此可以称为"以观其所徼"。（恒有，欲也，以观其所徼）。

　　在"有"派生的过程中，已经有"德"来辅助参加，证明"德"生在"有"之前，天地的原始又是"道"，所以"德"生在"道"之后。因此在"道"与"有"之间的绝对的"无"，也就是"德"。"道生一"，"一"是无，也是德。《德经》第一章说："上德不德，是以有德。下德不失德，是以无德。上德无为而无以为也。"在这里两次强调"无"，可知上德就是"無"的同义语，能做到无为境界的，也就是"圣"；下德相对上德而存在，自然就是"有"，"有"的派生需要确认，是一种判断，所以其对应的品德是"智"。"圣"和"智"，就是"無"和"有"，就是二。"圣"的内核是"仁"，但不彰显"仁"（圣人不仁，以百姓为刍狗），两者是二而一的，故此"仁"就是作为终端的"無"；"智"的内核是"礼"，有了智慧就会突出礼法（智慧出，有大伪），而礼法则是人际规则，是人之为人，也就是人的确证，所以是"又"。通过"智"的判断，按照自然的规律行动，就是适宜，这个字可以写作"宜"，也可以写作"义"（义者，宜也）。"义"就是人跟着自然的道路，有人为，但不按照人为，这是本有而现在无的，所以是"亡"。从这个意义上，"仁""义""礼"，等同于"無""亡""又"，也就是"三"。三者从哲理上、道义上相互交融，从而形成了万物的道理。

现在，我们换一个角度，从生活的实践里验证我们的结论。生活中，我们更多的不是用"有""无""亡""又"的哲学字眼，而是更喜欢使用"抽象"和"具体"这样的概念。那么，何谓抽象又何谓具体呢？

一般而言，具体是指现实的存在，是我们可以通过直觉认知到的东西。而抽象，则一般是超越存在的（参考图2）。具体，产生于感知，感知不同于认识，它不需要经过思考。例如牛没有思维意识，但却能够吃草，因为草是它能感知的存在。抽象则产生于思维认同，例如我们常说"对牛弹琴"，牛是没有审美的。审美需要一种思维上的认同，这就是抽象。但是，思维认同的结果却往往是具体的，比如我们根据一定的性质判断出了眼前的物质是硫酸或是硝酸。而纯粹生于感知的结果却是抽象的，例如我们觉得今天温暖，那温暖不可能也永远不会有一个标准。思维认同，其实就是确证存在；纯粹感知，就是理解存在。当同一存在可以同时被确证和理解的时候，我们就说这时抽象和具体是统一的（参考图2的线段部分）。

现在，我们返回到最开始的部分，可以知道，"无"就是抽象，"亡"和"又"经过了判断，就是具体。"無"分成两个内在含义，一方面是"无"的分化，一方面又是自我的衍生。两者同时指向了抽象。只有"有"，在抽象的"无"和具体的"亡"和"又"之间，就是这种统一的唯一方式。既然是"有"，就一定是一种存在。既然有别于"無"，就证明其是一种需要经过思维认知的存在，包括身体感受、心内感知以及科学研判的对象等等。

二、元力量的本质——谈《道经》第二章

帛书《道经》第二章曰："天下皆知美之为美，亚已。皆知善，斯不善矣。有无之相生也，难易之相成也，长短之相刑也，高下之相盈也，音声之相和也，先后之相隋也，恒也。是以圣人居无为之事，行不言之教。万物昔而弗始，为而弗侍也。成功而弗居也。夫唯弗居，是以弗去"。"亚"就是"恶"，"刑"就是"形"，"隋"就是"随"，"侍"就是"恃"，这一章跟传世本《老子》的第二章区别不大，唯一值得注意的是，传世本《老子》中的"無"字，在本章继续写为"无"，这个"无"仍然是绝对意义上的"无"。

需要注意的是，这里的美恶、善与不善等概念，并不是"矛盾"。因为"矛盾"意味着对立，而这里仅仅是比较。比如"长"和"短"，在没有比较的前提下，我们单独拿到一根棍棒，不能说它是"长"的或者"短"的，只有另一根棍棒存在，"长""短"才被赋其意义。"美""恶"（丑）也是比较而得的，即使我们单独说某一件事物是美的，那也是相较我们心中美的标准而言的。"善"与"不善"（请注意，这里的"善"是"好"或"完善"的意思，没有道德判断的意义）也是如此。"斯"的意义是"则"，只有转折义，没有因果义，甚至也不包含先

后关系。有些书上解释成"天下人都知道美是什么，那么丑也就随之产生了"，这个解释我们可以说是完全不通的。盖老子所列的这些概念中，无论是"前后"还是"高下"都是随着比较产生的，单一称一物长或者短是不成立的。换而言之，随着比较的消失，两种概念也同时消亡。所以这一句话或可以翻译成："天下都知道美的事物为什么是美的，就因为人们心中已经有了丑的标准；都知道什么是好的，就证明心中已经有了不好的标准。"

值得注意的是，这里有一组概念，"声"和"音"，这组概念将在整部《道德经》中反复出现，故此我们在这里稍做解释。在汉代字书《说文解字》中"音""声"互训，可见区别不甚大。但要是详细分辨，则"宫商角徵羽，声；丝竹金石匏土革木，音也"。（《说文解字·音》）换而言之，即声为音符，音为乐的本质。如果再扩大些，"声""音"之别可以看作文质之别，华丽和朴素，正如美和不美一样，也是比较而得的一组概念。

老子提出此八组概念，钱钟书将之比为古希腊毕达哥拉斯学派的"十门"，即该学派提出的十对概念，计有：有定性与无定形，一和多，奇和偶，左和右，雌和雄，静和动，曲和直，明和暗，善和恶，正方和长方。在毕达哥拉斯学派看来，十对概念的提出，乃是几何学在哲学上的延伸。这是不错的，事实上，我一直不太理解几何学为什么属于数学范畴。因为相对于数学，几何学更接近于美学，而美学则是文学的旁支。在古希腊，几何学是格物学和形而上学之间的过渡，柏拉图在他的学园中强调"不通几何者禁止入内"，可见几何学对于人文学科之重要。现在人文学科者都不大懂几何，导致人文学者多缺乏理性的头脑。这是很遗憾的事。

毕达哥拉斯学派另一个为人所知的，是他们"万物皆数"的主张。在毕达哥拉斯看来，"一"是一切事物的起源，也是理性和善的象征。这是很难理解的。因为所谓理性，应基于事实的判断；而所谓善，则应基于价值判断。有事实，证明有存在；有价值，证明有社会；能判断，证明有意识。意识、事实和社会都产生在"一"的前面，因此"一"也并非是万物的本原。

我们在解释上一章的时候，以《德经》第五章"道生一，一生二，二生三，三生万物"的话加以佐证，认为"一"是无，也是"德"，是世界的本源。这里的"一"与毕达哥拉斯所说的"一"有所不同，超出《道德经》的话语系统，但从哲学的角度来解释，按王弼的注疏，所谓"一"，就是存在。有存在就必然有对存在认识的基础，也就是意识，意识与存在共同构成"二"。意识作用于存在，形成的是基于意识的存在，这就是"三"，也就是人类所能接触和认知的万物。毕达哥拉斯学派说的"一"，实际上是老子所说的"三"。但我认为王弼的解释仍然没有说到哲学的根本上。所谓"三"，应该是事物发展的一个界定。

按照毕达哥拉斯学派的说法，世界是按照一种无定形的方式存在和发展的，这种存在与发展的方式就叫作"运动"。所谓"运动"又包含两个层次：一是永远变化，二是变化始终在一个可控的范围内。在变化中包含不变的因素。前者导致意识模糊，唯其如此，才可能"意在言外"，一切文学艺术由此发生；后者导致意识确定，认识相对稳定，才会产生科学。

在运动中，"可控"是一个非常重要的概念。就像一个人长得再高也不会达到三米，跑得再快不可能超过声音，这就是事物发展的极限。所以一方面事物因为自身发展的局限不会是零，所以"多"的总和也不会是零；另一方面，事物也不会永恒地增殖下去，所以其和不可能达到无穷大。古希腊哲学家芝诺的归谬法问题就出在这里。

芝诺提出过几个著名的悖论，认为运动永远不能开始，飞矢达不到箭垛，阿喀琉斯永远追不上乌龟。其实质不过是将一段有限空间通过细化的方式任意拉长，或对一段有限的时间无限延伸。这种无限的产生方式是对一段具体的时空采用不同的量度而进行细化，用量度的无限取代了时空的有限，所以他的学说就是诡辩。

　　另一个类似的错误见解是，认为运动是物质存在的基础形式，而静止反而是相对的。反对这个见解有一个简单的例子：假如今天我在长沙，明天我在武汉，这个运动过程一定是有外力作为推动作用的，至少需要人的意志的主观作用和人的肌体的客观实现，否则一具尸体也能运动，不是太可怕了吗？由此可见，静止才是存在的基础，而运动则是需要动力做支撑的。设想如果物质以运动的方式存在，推动作用没有任何意义，那将意味着物质可以脱离时空存在，时空对于物质来说没有任何意义，其本身可以任意拉伸或者缩减——这也就回到了上面芝诺的命题上。

　　需要说明的是，这里的"运动"包含广义的"运动"和狭义的"运动"两个层次。亚里士多德在其《物理学》中分别提出了两个"运动"的定义，第一个"运动"的定义，我们今天认为是广义的，或者哲学上的运动，亚里士多德定义为"潜在者作为潜在之物实现出来"，如果我们将它简化些，也就是"运动就是可能性的实现"，作为一种潜在，可能性在事物潜在中已经达到一种平衡，如将这种平衡打破，把可能性实现出来。而狭义上的"运动"，或更接近现代物理学上的"运动"的概念，亚里士多德称之为"最根本的运动"，即物体发生位移的过程。有学者认为，这个概念与他的"潜能说"是违背的。但实际上潜能说强调的是物体内在潜能的平衡被打破，而位移说是强调外部表现出来的空间的平衡被打破——平衡就是静止，打破平衡就是运动，平衡的打破自然是借助外力，这就需要一种"元力量"作为推动作用。接下来我们需要探讨的是，这种能使物体运动的"元力量"究竟是什么。

　　——需要特别指出的是，笔者宁可自行提出一个"元力量"的概念，也不愿引入西方哲学中"第一推动"这个概念。这是因为"第一推动"的实质是神学和非哲学的，它的提出依靠的是上帝的存在，而并非哲学的解答。因为"第一推动"仍然是推动，推动仍然是运动，这个运动又从何而来或者神的运动从何而来仍然没有得到解释。用神学上的信仰回避掉哲学上的问题，在中国的传统思想家看来，无疑是一种非常糟糕的做法。

要探究元力量的本质，首先需要了解元力量存在所必须依赖的方式。一言以蔽之，这方式便是结构性。所谓结构性，也就是体系，即意味着体系一旦运转就不会停息，不需要元力量反复作用。元力量所规定的，一是事物变化的起点，二是运动变化的方向。在老子看来，这个元力量就是"道"，变化的起点就是"一"，也是"无"；运动变化的方向，一定是"恒"，是能够永恒继续的。这个"恒"，就是在《道经》第二章中解释的，美与恶，善与不善，有与无，难与易，长与短，高与下，音与声，先与后——相互依存，相互比较，相互交织，这也是"二"。"二"的存在让事物发展有所限度，有所终极。马克思说量变一定引起质变，就是忽略了这个终极而做出的结论。终极使事物可控，这又是"三"的性质。"道"令体系运转但本身却脱离体系，这就叫"万物昔而弗始，为而弗侍也。成功而弗居也"。

王弼解释"成功而弗居也"时，说"因物而用，功自彼成"，说的就是体系的存在和运转的问题。所以我不认为老子所说的"道"只是单纯的自然规律，因为后者最多只是"道"的应用，而"道"本身则是一个哲学原点，它起到推动作用，规定行进的方向，但却并不作为事物的主导力量，更不代替事物本身而存在。"夫唯弗居，是以弗去"，正是建立了可依赖的体系的缘故。"是以圣人居无为之事，行不言之教"，王弼说"智慧自备，为则伪也"。圣人所以为圣人，就是洞悉了这一点。

三、所谓玄同——谈《德经》第十九章

《德经》第十九章主要讲的内容是体道。在《道经》中，老子说：

"行不言之教。"语言不可能诠释"道",这就是本章所说:"知者弗言,言者弗知。"

在先秦,"知"字至少有两种解释,一是智慧,也就是通"智"。另一个就是本字,意思为了解。《道德经》的成书年代至少在《子思子》之后。子思特别强调"圣"与"智",而《道德经》则是反对的。因而说:"绝圣弃知,而民利百倍。"(《道经》第十九章)可见作者是反作为智慧解的"知"的。但在本章,作者却对"知"报了一个肯定的态度。因此可以知道,在这里,"知"字应该取后一解:了解"道"的,不必饰以言辞;用言辞修饰的,根本是不了解"道"的。或者解释成:了解"道"的,不必跟他用过多的言辞;使用了过多的言辞,对方也不会因此就了解"道"。

有人受到马克思学说的影响,认为这个意见是十分唯心的。《道德经》这句话里确实是唯心的意思,但这个意思,我们在生活中也能够找到对应的模型:甲、乙两个好朋友在一起谈论一个什么东西,甲说,所以我有那种感觉。乙说,对的,我有时候也是这样。但甲乙两人都没说出这种感觉是什么。我们把这种情况叫作朋友间的默契。默契的定义正应该是这样:了解你的,你不必跟他多费言辞;你要跟他多费言辞,证明这个人根本不了解你。这也是一种"知者弗言,言者弗知"了。

《道德经》的语言很凝练,但也很生活。或者我们可以说,《道德经》中的语言就是从生活里凝练出来的。"塞亓阅,闭亓门,和亓光,同亓尘,坐亓兑而解亓纷,是胃玄同。""阅"就是"穴","亓"就是"其",塞穴、闭门,前者是弭平欲望,后者是关闭欲望可能进入的门径。这是体道的一个条件,就是杜绝一切来源于外部欲望的干扰。或认为杜绝一切外部,有可能妨碍对道的体验。但其实并没有这种顾虑,因为道至大无外,因此也就无内外之分,初体道者,也不必假于外求,而更重要的是内省和感悟。用《道德经》的另一句话讲,这就叫"为无为"。

　　和光、同尘，这是体道的第二个步骤。徐志钧先生的解释最好，"在黑暗的屋中，射进一缕阳光，即可见到光柱中漂浮着的灰尘。让光线充满整个屋子，灰尘虽仍在，但看不到了。这就是和光同尘。"（徐志钧：《老子帛书校注·修订本》，凤凰出版社，2013 年 12 月版）过去在乡下生活，我们不难见到这种现象。和光同尘，就是将阳光全部释放进来，灰尘就不见了。也就是意味着用道心去观察世界，则万事、万物无有差别，没有差别，也就无法引起欲望。这就叫"味无味"。

　　既然万物均等，四方相同，因此没必要确定一个必须的方向。没有方向，自身当然会四处扩展而不是单一的延伸。因此，从前的锋利也就逐渐消解。而内心没有欲望，没有得失，使自己还原成赤子的状态。这就是"坐亓兑而解亓纷"，"坐"就是"锉"，"兑"就是"锐"。这就是所谓"玄同"。

　　我们在解释《道经》第一章的时候曾经说明，"玄"就是众妙之门，"玄之有"就是"恒有"。而"玄同"，则是立足于众妙之门的同。众妙之门，其实是道的分野。而在将分未分之际的同，是一种绝对的相同，但这种相同也是处于变化的起点的，所以也可以理解为相对的相同。这里的相同之态不完全确定，而变化的趋势也难以把握。所以天下的事物对其"不可得而亲也，亦不可得而疏。不可得而利，亦不可得而害。不可得而贵，亦不可得而贱"。

　　处在"玄同"的状态，就抓住了一切的变化规律，也控制住一切可能的变化。所以玄同是处于天下最佳位置的状态（故为天下贵）。

　　以上，我们就解释完了《德经》第十九章的经义。但需要注意的是，《道德经》里的每一句话至少都可以做双重的解释。以本章来说，既有道的层面，也有术的层面。如果从驭人之术，或者处世之术上，本章则可以做如下的解释：

　　一句话也不说，就不会露出破绽，这就让人觉得你已经了解一切；一旦开口说话，必然难以周全，别人会在不周全之中，揣测出你对事情缺乏了解的部分。放弃你的一切欲望，不给别人的讨好打开方便之门。有爱好，必然有弱点，将所有的一切都视作等同，就像让所有的阳光照射进屋子，灰尘不见了，你的弱点也不再被人洞察。收敛你的锋芒，不要让他人知道你将要抵达的方向，化解一切纷繁的东西到他们最初的状态，冷冷无言，就像上天。（玄同，还可以理解为"同"于"玄"，"玄"是天的颜色，在《周易》中容易知道。）这样，他人既不能对你亲狎，也不敢对你疏远。既无法向你讨好，也无法陷害于你。他们不敢把你看得高高在上，以至无视你的存在；也不敢对你轻贱，把你看得一文不值。因此，你就是天下具有最高贵位置的人。

　　《道德经》既有此两义，也就产生了两个重要的后学：学习道的层面的，就是庄子；而学习术的层面的，就是韩非。故《史记》说韩非"喜刑名法术之学，而其归本于黄老"，道理就在于此。

四、老子的办法——《道德经》治国谋略浅说

　　《道德经》的要义，一言以蔽之曰"道"。所谓"道"，就是对这个世界规律的掌控，《德经》第一章即说："故失道而后德，失德而后仁，失仁而后义，失义而后礼。"按帛书本"后"非"前後"之"後"，乃"皇后"之"后"。先秦时代，"后"亦作"司"，表掌管之意，后稷为周的祖先，即掌管农业的人，相当于后世的司农。所谓"失道后德"，乃是因为"道法自然"（《道经》第二十五章），"自然"即自身正确，万物体道而行，无须道掌控万物。当这种种自身正确（自然）的规律（道）丧失了之后，取而代之的是社会人文的公约规范（德）。"德"是公约，践行约定需要受到监督，这就是"后"的由来。

　　而在公约规范丧失之后，取而代之的是对人尊重和关爱的提倡（仁），倡导人们用关爱之心维护社会的和谐。关爱失效时，只能让百

姓用适宜的方法（义）去行事，不突破道德的底线。如果社会上丧失了适宜的标准，只能用先王的行仪（礼）来约束，使民众有一个共同的标准遵从。关爱、适宜、标准这三者在社会约束力上呈层级下降之势，所以认为的约束也逐渐增强。"句"与"后"的含义基本相同，但有曲折、使收敛的含义（见《说文解字》段玉裁注），"句"后又作"勾"，"拘""怐"（恐惧意）等皆从"句"，可见其有更严肃的监管的含义。"后"与"句"之别，正是仁义礼与德的区别，其结果是以监督为始，以监管为终；以百姓的公共约定（德）为社会制度之始（道是一种规律，而非制度），以先王行仪（礼）作为社会约束为终。

有人以为，《道德经》作者预料到"失仁而句义，失义而句礼"判断其人当在孟子之后，甚至在荀子之后。然则历史上哲人多有惊人预言，如王国维在 1918 年就说过："大清亡于共和，共和亡于共产，共产亡于共管。"彼时方在 1918 年，苏俄刚刚起步一年，次年才立住脚跟。而在中国，则要等到 1921 年才有共产党建立。1991 年才有苏联解体，"共产亡于共管"的事情。如果按照怀疑《道德经》作者的逻辑，则需证明"这个王国维"不是"那个王国维"，这句话直到 1991 年才有，是对那段历史的总结，则无疑十分荒唐。欧洲哲人米瑟斯在 1924 年就预言信贷银行的破产和世界性经济危机的爆发，但世界经济危机是在1929—1933 年发生的。除此而外，他还曾在 1934 年预测了纳粹掌权后将为祸欧洲，但是 1938 年才有德国吞并奥地利的历史事件。哲人通过人文逻辑获得前瞻性，这不能证明他的言论就是晚出。证明《道德经》的作者是战国时人需要有更精准有力的证据，不能因他的睿智和哲思猜想就断定其一定为后生。

然而，尽管《道德经》作者如此具有前瞻性，但没预料或不曾回答的是，如果先王的行仪也不能约束当今的百姓，社会又当如何。当然，后世学者可以延续《道德经》作者的逻辑，即加强人为约束，并对不遵守约束的人进行处罚，也就是法。事实上也正是如此。我们看到《礼记》中有所谓"大同之世"，就是所谓"道"的世界；"小康之世"就是"德"的世界。孔子的时代已经不复小康，于是提倡仁；孟子不复孔子的时代，于是提倡义；荀子较孟子稍后，大约晚他一个甲子，于是又提倡礼。荀了的学生韩非、李斯又发现礼的不成功，于是从儒家一跃而成为法家。

与此相类的预言又见于《道经》第十八章："大道废，安有仁义；智慧出，安有大伪；六亲不和，安又孝兹；国家昏乱，安有贞臣。""安"，也作"案"，与"乃"字同义。对此，老子给出的办法是："绝圣弃智而民利百倍；绝仁弃义而民复孝兹。"（《道经》第十九章）所以有人批评老子，认为此种理论是反智的理论，反智的缘由则在于愚民。这实在是对老子其人其书的天大误会。

《道经》第十二章说："五色使人目盲；驰骋田畋使人心发狂；难得之货使人之行妨。五味使人口爽；五音使人耳聋：是以圣人之治也，为腹而不为目，故去彼而取此。"作者对五色、五音等批判，目的在于引出最后的结论，即"去彼而取此"。意指生存与享受，两者不可兼得。这并非指平民享受而不能温饱，而是指贵族不可纵欲，前述五色、田猎等五事的批判即为证明。《德经》第四十章云："天之道云有余而益不足，人之道云不足以奉又余"，所以"去彼取此"的办法是老子向统治者提出来的，所谓"为腹不为目"的意思，应该解作"为民腹不为己目"，即控制自己的私欲，追求百姓的幸福。

对于统治者而言，除了与一般人相同的私欲之外，另有一种欲望十分可怕，即权欲。这又包括以权谋公和以权谋私两个方面，我们以北宋为例，前者如王安石改制，王安石利用自己的权力推动政治改革，但某些政策如青苗法、免役法等在执行过程中出现了严重偏差，而保甲法、保马法等不具备可行性，导致帝国政治失衡；后者则如北宋末年的高太后、宋哲宗、徽宗、钦宗出丁集权需要，以王安石改制中派系为基石，反复发动政治清算，直接导致北宋亡国。帝国政治的健康发展，需要正确思路下的以权谋公，但这极难做到。更何况老子处于封建制解体、帝制尚未成立的时代，正确的思路尚无可寻，能够使国家走向正常轨道的统治者更不多见。因此他提出，与其做不如不做，听任民众的自我发展，"我无为而民自化；我好静而民自正；我无事而民自富；我欲不欲而民自朴"。(《德经》第二十章)

这就与"道"的时代有些相近。具体说来："不上贤，使民不争；不贵难得之货，使民不为盗；不见可欲，使民不乱。是以圣人之治也，虚亓心，实亓腹，弱亓志，强亓骨。恒使民无知无欲也，使夫知不敢、弗为而已，则无不治矣。"(《道经》第三章)吕洞宾解释说：虚就是虚静，实就是诚实，心是神之舍，腹是气之腹。(《道德经释义》)放空欲念，尽管这欲念形而上(尚贤)，有关于梦想、理念、价值，但这些所谓价值云云，其实不过是竞争的借口。形而下(贵难得之货)便更要不得，因为它是罪恶的开始(为盗)。腹的意思，我以为是肉体，即从肉体的需要出发，满足自己的一己所需，不多一点，也不少一点——超出这需要，就是欲望。无论这欲望听起来高尚或者不道德。没有欲望，心就不会乱。统治者的心不乱，社会自然不会乱；民众的心不乱，社会就将维护既有的道德体系——这并非是愚民，反而是对人民的保护。

通过控制欲望而重塑道德，这一点颇为后来的法家学者所看重。《韩非子》中《解老》《喻老》两篇解释《道德经》经义，即重点强调欲望，而其中的权谋，也多出自老子的守弱、自见等学说中来，所以《史记》将老子与韩非合为一传，而称"其归本于黄老"。

——说到这里，我们稍做枝蔓，探讨老子与庄子的理论体系的差别。老庄从来并称，但他们的理论体系完全不同，如果从他们的文章中还看不出来这一点，可以从他们后学的身上看出来：老子的后学是韩非，庄子的后学则是陶渊明。老子的思想是为了社会的，所以多谈治国，庄子的思想是出离社会的，所以多神仙家。至于两者对于中国传统社会的影响，是庄周大于老子，甚至在某种意义上，有些号称受到老子影响的人，实际上是用庄子的思想改造了老子，把老子的思想也归为隐逸一派了。且从金圣叹以来，《庄子》又被当作上乘的文学书读，所以到了晚清颇受重视。而近现代中国的思想虽说对传统有批判，但仍是从中国传统社会尤其是晚清延续下来的，骨子里的东西不会变。从这个意义上说，庄子对近现代思想的影响较大。如果从直接的影响上来看，则老庄对中国近现代社会的影响也可视为是等量齐观的。

所以后来汉王朝建立后，在战国动荡、秦末战乱、楚汉之争之后，用黄老之学进行治理，一方面能够使社会稳定，一方面也可使用帝王权术令人心归附。到武帝即位时，"太仓有不食之粟，都内有朽贯之钱"，奠定了后来的国力基础；而在酒宴之间罢黜周亚夫，则又为武帝的即位做好充分的准备。一得财力，二得权势，所以武帝即位后才能放手一搏，与匈奴对战疆场，而缺乏了这份基础的高祖刘邦则只能被围于白登，妻子吕后还必须接受匈奴的侮辱书信，用老子之道治国的结果之硕，由此可见一斑。

所以我们得出这样的结论：运用老子学说治国，可以令国家强大。老子治国之学，是安顿之学，是怀柔之学，是可用之学。

五、《道德经》成书浅说

道家是中国思想史上一个重要的思想流派，它的思想来源于先秦时期的老子和庄子。但在先秦时期，却并没有老庄作为一个学派的活动印记。在先秦文献里有儒家与墨家的对举，称"孔墨"，或称"儒墨"（《韩非子·显学》）。也有将墨家与杨朱对举，称为"杨墨"，有"杨朱、墨翟之言盈天下"的说法（《孟子·滕文公》）。但以老庄为代表的道家却没有这样的记录。可见老子学说在先秦时代并不成为一种学派。

到了汉代，司马谈《论六家要旨》始称这一学派为"黄老之术"。《史记·老子韩非列传》中或称为"老子之术"或称以"黄老"：《陈丞相世家》赞中则称为"黄帝老子之术"。而黄帝并没有具体的著作和思想传世，《汉书·艺文志》所载《黄帝四经》《黄帝铭》《黄帝君臣》《杂黄帝》等等都是来源于后人的伪托。

在先秦时期，对黄帝的推崇本来是阴阳家的专利。但是到了战国末期，统一战争逐渐接近尾声。作为一个新兴的王朝，亟须一种政治思想作为王朝的统治。为了适应这种需要，阴阳家开始附丽于先秦的政治思想。于是一分为二，一派附丽于儒家，产生了后来的方士。方士，也称术士，一般由儒生充当。所以秦始皇时期的坑术士，也被记录为坑儒。事实上，即便到了汉代，儒生还带有一定的方士色彩。如董仲舒的《春秋繁露》还有关于阴阳、五行的篇目，甚至还有《求雨》《止雨》，这些都可以看作是先秦末期方士风气在儒家中的遗存。另一派附丽于道家，逐渐和庄子的思想结合。

老子的思想本不成学派，但后来与他思想相近且祖述他思想的庄子出现，并有后学继承庄子的思想[①]，才使得老子的思想有了学派的规模。《庄子》一书中多为寓言（《庄子·寓言》曰："寓言十九，重言十七，卮言日出，和以天倪。"），一些寓言的主角便是黄帝，阴阳家以此为凭，完成了与道家在偶像上的结合。这种对黄帝的偶像推崇，又刚好能同儒家的尧舜推崇相抗衡。这就是所谓"黄老"的起源。

道家最初的一部经典《老子》多有战国时期的语气，因此老子思想也在思想顺序上被认为晚于儒家（如梁启超认为《老子》成书于战国之末，罗根泽认为老子就是《史记》所载见秦献公的太史儋）。但诚如上文所言，道家的学派特征不是很明显。其经典（《道德经》）形成的历史很长，所以吸收名、法、儒、墨都是很自然的事。

---

① 《庄子·天下》篇，一般认为是庄子的后学所作的。

从内容上看，《道德经》应成书于战国中叶，约与子思同时。《道经》第十九章称："绝圣弃知而民利百倍；绝仁弃义而民复孝慈；绝巧弃利，盗贼无有。""知"就是"智"。将圣、智列于仁义之前，过去的学者觉得针对性不强，但自郭店竹简《五行》出土以后，再回头看来，针对性至为明显。《五行》篇属于儒家在战国中叶的文献，以"仁智义礼圣"为五行，荀子曰："略法先王而不知其统，然而犹材剧志大，闻见杂博。案往旧造说，谓之'五行'……子思唱之，孟轲和之。"（《荀子·非十二子》）可知《五行》为子思、孟子一派的文献。

郭店竹简《五行》篇与马王堆出土的帛书本《五行》属于同种文献，但后者成书更晚，简本《五行》只有"经"的部分，而帛书本增加了"传"的内容，并对前者"经"的部分做出了修改。如简本第十八章："仁，义礼所由生也。"被帛书改作："仁义，礼智所由生也。"可见竹简强调"圣智"，而帛书更强调"仁义"。而帛书本的"传"的内容，很多话语与《孟子》相似。《道德经》针对"圣智"做出批判，而不是"仁义"。可见其成书在子思之后，孟轲之前。至于学者怀疑，其第三十八章（帛书本《道德经》第一章）指出由道、德、仁、义、礼的变化，实际上在《五行》篇中也有指出，如竹简《五行》第十一到十四章就按照德、仁、义、礼的顺序排列。所以《道德经》的成书，应较子思稍后，在孟子之前，应该是没有疑义的。又因子思弟子至孟子等，都活动于稷下，所以也可以判断，《道德经》的写定是在稷下前期的。

在稷下前期诸子中，最有可能写定《道德经》的是老子的后学环渊。《史记·孟子荀卿列传》称"环渊著上下篇"。这上下篇正与现存的《道德经》分作《道篇》和《德篇》相符。郭沫若考证，环渊即为关尹。《史记》："关令尹喜曰。"关，函谷关。令尹，官名。喜，高兴，无一字为人名。但《汉书·艺文志》又有《关尹子》，可见关令尹实为关尹之误。关尹、环渊、蜎子（蜎渊）、娟環、娟嬛、便娟、玄渊等都是同声之转①。关尹（环渊）和《道德经》联系在一起恐怕不是偶然的。所谓"环渊著上下篇"者便很有可能就是今天所看到的《道德经》的原本。《道德经》为环渊整理，并不等于《道德经》不能代表老子的思想。就像《论语》为孔子的弟子和再传弟子所作；《孟子》又是自己和弟子、再传弟子共同完成；《墨子》中吴起之死的事，不但距离墨子去世已经很多年，甚至此事结束后不久，连他的传人（不知道第几代）孟胜都随之死亡。在先秦时期，由再传弟子整理祖师的思想那是很当然的事情。关尹（环渊）便是《道德经》的最后整理者。

又《荀子·解蔽篇》中有"《道经》曰：人心之危，道心之微"的引文。之所以称为《道经》，便暗示着在荀子时代道家的书不止有《老子》一部。另《荀子·修身篇》引"《传》曰，君子役物，小人役于物"一句，与《庄子·山木篇》"物物而不物于物"的见解相同，可知这所谓"传"，是道传。道家分为经、传，与儒家的分类同。法家分经、说，与墨家的分类同。"传"是对学理的阐释，而"说"是对学理的一种演绎，一种具象的表达。一般而言，具象的文字产生于学理的解释之后，这也可以反证道家应该是与儒家同时存在的。

道家的思想主要在一个"道"字。"道"在先秦的解释意义为"导"，如《论语·为政》："子曰：'道之以政，齐之以刑，民免而无耻；道之以德，齐之以礼，有耻且格。'""道"就是引导，引申为"规律"的意思，也就是自然的变化。符合于"道"的人为境界，就是所谓"德"。老子曰："孔德之容，惟道是从"（《道经》二十一章），又曰"上德无为而无以为也"（《德经》第一章），正是此意。

老子又说"道"这件事情是"无为而无不为"。（《德经》第十一章）有前辈学者以为"无不为说得通，无为便说不通了"，至于其主张绝仁

---

① 郭沫若：《青铜时代》，科学出版社，1960 年 2 月第三版，第 240 页。

弃义，从无为的意义上，则更是说不通的^①。然而，这里的无为指的并非是没有动作，而是指没有一切与自然之道相违背的行为，摒弃一切发于人思想下的行动。且无为指的是最终的境界，一开始的"绝仁弃义"本来就不在其中。故老子说"为学者口益，为道者日云，云之又云，以至于无为"（《德经》十一章），便正所谓此。

---

①　许地山：《道教史》，北京大学出版社，2009 年 9 月版，第 40 页。

杂篇 经子探微

一、春秋士范的变迁

在东周时期，士是一个很重要的群体。此时士人作为社会精英的主体力量，承担着这一时期最重要的历史责任。

（一）总论：士在东周时期的位置

东周时代，百家兴起，诸子的理念和学说在这个时期大放异彩。在这样一个乱世，诸子的学说往往与政治有着紧密的关联，然而诸子学说虽然兴盛，但却很少被采用到现实的政治当中。而反过来说，一群很少能被用到现实政治的学说居然在当时兴盛，而被后来的人奉为经典。其间道理，值得深思。

东周时代和民国时代近似，都能够思想兴盛，思想家人格独立，因为此二时代都处在社会制度的交替之中。东周的时代是封建制解体，帝制尚未形成；而民国时代则是帝制解体，民主制尚未形成——旧制度刚刚瓦解，新制度尚未形成之际，思想家们集中讨论现有的制度，对社会进行反思与设计，冀求从历史的发展和现实的变化之中找到未来政治的出路，而政治家们则希望自己能够把握政治变化的前沿。从这个意义上说，诸子可以理解为政治的设计者，比如孔子设计仁政，老子设计无为的政治。而政治家们则可以理解为政治的掌控者和实验者，所以能够称霸称雄之君，一般而言都有一系列的变法。变法所变者同样是政治，究而言之，就是制度。

东周时代的士人社会无所不在政治之中。思想家讨论政治，政治家主导政治，军事家也是政治的参与者。德国军事理论家克劳塞维茨的《战争论》有言："一切战争都是政治的延续。"战争的目的在于取得政权，而政治改革则是为了稳定政权。当时封建制度解体，周王朝的政治难以维系，此时出路无非两种，或夺权，或改良。夺权即军事争霸，改良则需要非战宣传。春秋时期最著名的两个非战者，一名孔丘，一名墨翟。孔子认为，社会动乱的原因是"名不正则言不顺"（《论语·子路》），因此主张必须改良政治，使政治名分恢复到未动乱之前，"必也正名乎"（《论语·子路》）。而正名一个最重要的指标，则是"礼乐征伐自诸侯出"回归到"礼乐征伐自天子出"（《论语·季氏》），即对战争进行统一化和规范化；而墨子则是主张政治上"兼爱"，要反对一切"不利人乎"的战争，所以他的"非攻"实际上也是对他"兼爱"政治理论的另一种阐述而已。

虽然共同研究政治，但思想者和政治家，一为理论，一为实践，此间矛盾是由二者身份与立场决定的，诸子个体的能力和思想偏好虽然能够减弱这种矛盾，却不能在根本上将之消除。而诸子中的士族则是此种矛盾最集中的体现者。从名义上说，士是社会的第四阶层，属于贵族，《左传·昭公七年》谓："天有十日，人有十等，下所以事上，上所以共神也。故王臣公，公臣大夫，大夫臣士，士臣皂，皂臣舆，舆臣隶，隶臣僚，僚臣仆，仆臣台。"但在实际上，士却是贵族的最后一级，既没有领土又没有主导政治的权力，只是空有贵族之名。所以士人在东周时期的出路也有两种：一是通过推荐或游说成为大夫以主导政治，并通过对政治的治理获得更高的社会身份，如宁越、商鞅；一是跻身于民间，成为民众的一分子，并通过高人的行为、举止、规范，成为庶民中的领袖，亦即成为民众的首层，如墨子、邓析，后来帝制时代，区分民众为士农工商，士人为四民之首，其根本在于此。

不过更多的士人兼顾上述两种出路，得志时掌权于朝廷，不得志时传道于四方，孔、孟、荀况等都是此类。士人因此形成双重身份：既是贵族，又是平民。双重身份就造就了双重人格：既是领袖，又是求职者。但双重的身份和性格是社会变革时代的产物，而当社会趋于稳定、社会制度趋于完善的时候，现实的要求迫使士人必须放弃一种身份和性格。对于思想家来说，思想的实践必须依赖于现实的权力，所以士人注定以主导权力普及思想为第一目标。孟子所谓"穷则独善其身，达则兼济天下"（《孟子·尽心上》）就是这个含义。而孔子——子弓——荀况——李斯这一学术传承体系①，则可以为这种身份的演进做出最好的注脚。

士人放弃贵族和平民领袖的身份，成为平民中的求职者。而至于北宋时代，士人甚至放弃了作为思想者的身份，以更为僵化的教科书为依据参加科考，谋求一官半职。但就东周的时代来说，随着权力话语地位的日益提高，政治变法的经验积累，政治家们开始获得政治支配的主动地位；而思想家们也渐渐对未来的社会变化了然，所以对政治的设计也渐渐落实。所以在东周末年，两者逐渐合流，并因此产生了李斯和韩非。而随着政治制度的逐渐稳定，思想家们对政治制度的见解日渐趋同，诸子时代也便宣告终结。

（二）士与君子

在传统儒家的语域中，存在一个与"士"的身份对等的概念，即所谓"君子"。在《论语》里"君子"一词具有双重的含义，第一是本意，即"君之子"，表达的是一种贵族的身份，如《论语·微子》："周公谓鲁公曰：'君子不施其亲，不使大臣怨乎不以。故旧无大过，则不弃也。无求备于一人。'"第二是从道德的角度，指品质高尚之人，如

---

① 参考本书《孔门弟子的分裂与儒家八派的形成和演进》。

《学而》篇："人不知而不愠，不亦君子乎？"而在此前的文献如《诗经》中，"君子"主要取第一种解释；此后的文献如《孟子》《荀子》则主要将"君子"取义第二种解释。故而我们可以得到这样的结论：君子含义的变迁即在于孔子的最早活动时间（公元前6世纪末）至《论语》主体的成书时代（约在公元前5世纪中期）之间。

"君子"一词的变迁轨迹，在《礼记·大学》中给出了暗示："古之欲明明德于天下者，先治其国；欲治其国者，先齐其家；欲齐其家者，先修其身；欲修其身者，先正其心；欲正其心者，先诚其意；欲诚其意者，先致其知。致知在格物。"能明明德于天下的，是为天子，即王；治国为公，齐家的是大夫，修身的是士，目的则在于成为道德层面的君子——前三条目是政治纲领，后五条目是道德诉求。政治纲领的实现要通过道德诉求的实现来完成，所以要求士或君子必须放弃政治身份，专心经营道德。

之所以如此看重道德的意义，是因为孔子的观点是"法先王"，提倡恢复周礼。春秋时期礼崩乐坏，孔子以为与其另建一种政治体系不如对当时的社会加以改革，使其回到西周建国时期的秩序上去。所以他提倡道德的教化，认为"克己复礼，天下归仁焉"（《论语·颜渊》）。道德是遵循礼的产物，而遵循于礼，则有助于增强对于周王和周代制度的信仰。因此在孔子看来，道德和政治相互关联，政治理念即道德诉求。基于此，儒家的士，即后来所谓"文士"就此产生，至于其后来的变化，笔者在本书《孔门弟子的分裂与儒家八派的形成和演进》一文中已有说明，此处不做枝蔓。

（三）士与侠

恢复周朝的礼法只是孔夫子的一厢情愿，因为社会的体制已经变革，不可能恢复到从前的社会环境中去。而与孔子同时或稍后的思想家对天下的出路也提出了其他的设想。墨子的政治主张包括尚同、尚贤、兼爱、非攻、节用、天志、明鬼等，就其逻辑顺序而言，墨子的政治主张皆是"兼爱"二字的延伸，但若理解墨子政治主张的全部，则需找到其理论的一端作为头绪，这头绪便是天志。

在墨子看来，"天之欲人之相爱相利，而不欲人之相恶相贼也"，因为天对人"兼而爱之，兼而利之"（《墨子·法仪》），换而言之，在墨子的理论体系中，天是绝对的兼爱者，或兼爱的元力量，一如《道德经》中"道"是元力量①。不过与"道"不同的是，在墨子的理论中，天是有意志的人格神，亦即世界的主宰力量。《鲁问》篇曰："夫天之兼有天下也，亦犹君之有四境之内也。"天下的拥有者是天，封邦的拥有者是该国的国君。在天与国君之间本该有"天子"即周王，但墨子完全无视其存在。他的政治主张也完全是针对各邦国的具体情况提出的，"凡入国，必择务而从事焉。国家昏乱，则语之尚贤、尚同；国家贫，则语之节用、节葬；国家憙音湛湎，则语之非乐、非命；国家淫僻无礼，则语之尊天事鬼；国家务夺侵凌，即语之兼爱、非攻。故曰：择务而从事焉。"（《墨子·鲁问》）故在墨子看来，周朝作为一个王朝而言早已灭亡，现在所存在的不过是和诸侯等同的一个普通国家而已。墨子的政治主张，一言以蔽之，是针对各邦国的政治主张。

尽管如此，墨子眼中的邦国并非是西周王朝的延伸，而是在西周之后一个崭新的时代。故其希望恢复夏礼，且尊崇大禹。《尚书·甘誓》有"三正"之说，夏正建寅，殷正建丑，周正建子，合称三正。三正循环往复，所以墨子主张复夏礼，实际上正是主张建立周代其后一代的礼仪。他甚至主张解散现有的官僚系统，重新在民间选拔天子、三公以至卿之宰、乡长、家君（《墨子·尚同下》），并主张"上之所是，必皆是之；所非，必皆非之"（《墨子·尚同上》）。梁启超由是认为"他的思想流于专制"（《墨子学案·第五节　墨子新社会之组织法》），这实在是一

---

① 参考本书《元力量的本质——谈〈道经〉第二章》。

个很大的误会，因为非但此就是"上有过则规谏之，下有善则傍荐之"，而且墨子另有一个主张作为尚同学说的补救，即"非命"。"命"的反动是"力"（见《列子·力命》），墨子的主张即用力对命进行反抗，认为汤之伐桀、武王伐纣都是否定"命"的结果。所以墨子及其门徒有民主的主张，敢于以个人之力对抗强大之社会约束。墨子在解释义的时候说："义，利也"（《墨子·经上》），但并没有说反向也是成立的。事实上，墨子贵利，贵的是天下公利。有益于天下人的，虽死无憾，这正是侠的发端。鲁迅说："孔子之徒为儒，墨子之徒为侠"（《三闲集·流氓的变迁》），道理正在于此。

墨子之后，侠士几经沿革，最终至于消亡，其中的历史，鲁迅在《流氓的变迁》一文中说得也十分清楚，故本文从略。

（四）士与仕

上文既已说明，思想的实践必须依赖于现实的权力，士人以主导权力、普及思想为第一目标，所以注定求职官场。士人的求职和任职被称为"仕"。

春秋时期的学派最致力于做官求仕的，一是儒家学派，一是法家学派。我认为法家学派源出于儒家，原因有二：一个是法家学派没有独立的师承体系，法家各巨子均以儒家巨子为师，且本身不进行师徒传授。李悝、段干木、吴起俱为子夏弟子（参考前文《孔门弟子的分裂与儒家八派的形成和演进》），李斯和韩非同为荀况弟子，李悝等五人俱没有弟子。管仲被近代学者认为是法家的始祖，但《汉书·艺文志》将其书归为道家，道家是法家学者除儒家思想外的重要思想来源，近人因其相地而征、禁止贵族掠夺、制盐铁划归政府等举措将其划为法家，实则这些举措都是具体的政策，与后来法家所谓法、术、势等政治手段层面的思想主张全然不同。

第二是因为儒家学派与法家学派在主要路线上一致，都是为了最高领导者强化统治权力的需要。在诸子思想中，农家在具体政策的层面强调了农耕的意义和经济实力的作用价值，并没有实质强化权力的意思。墨家讲尚同、非命本身是为了开明政治，并非为了加强权力。老子虽讲权谋，但其主张无为，不滥用权力。庄子的隐逸，杨朱的为我，更不在意君王的集权。只有法家和儒家在加强权力这一点上是一致的。但由于因为法家的产生晚于儒家，所以儒家没有看到出路，以稳定为考虑，主张"法先王"，提出恢复周礼；而法家则找到了出路，看到了中央集权背后隐含的价值，所以主张"法后王"，开始一种史无前例的政治制度，亦即非分封，立郡县，用法令的强制约束人性的恶。

儒家和法家虽然同源，但在道德观念、士人从政的理念上完全不同。儒家趋向保守和维护，法家主张开拓与变革。保守和维护的是为旧政体，这就需要士人去做忠臣，而开拓与变革的是为不变的国家，这就要求士人去做良臣。唐代魏征就是一个宁做良臣不做忠臣的法家人物，其言："良臣，身荷美名，君都显号，子孙传承，流祚无疆；忠臣，己婴祸诛，君陷错恶，丧国夷家，只取空名。此其异也。"（《新唐书·魏征传》）不在意空名而务实天下事业，正是法家的思想。但忠诚又是统治者对臣子的必然要求，最好一个臣子既有能力做事又对自己忠心。儒家的观念重视做人，法家的观念重视做事。做事有益于国家建设，做人有助于领导管理，所以儒法合流就成了帝国统治的必然选择。所以君王将权力授予法家，道德授予儒家，以法家的手段披儒家的外衣，这就是所谓"外儒内法"或"霸王道杂之"（汉宣帝语）。

道德要求和政治权力的合流也产生了一对很独特的比拟就是父子关系和君臣关系的比拟，也是国与家的比拟。于是父权比拟君权，君臣比拟父子。父权向上学习取其专制，君权向下学习取其尊卑，相互渗透之后，父权便成了君权的缩小，而国则变为家的扩大。法家讲以法术势来驾驭下属，儒家主张用伦理的扩大化来倡导臣子对君主的尽忠。相互渗透以后，就形成了所谓"三纲"。

（五）士与隐者

庄子思想虽然不在春秋诸子之列，但它的出现却是对先秦诸子的一个冲击，因此有必要在此稍加探讨。春秋时期的诸子是努力为社会的发展寻找一条出路，即寻找治世的方略。老子主张"知不敢、无为而已，则无不治矣"（《道经》第三章），但最终之目的还是在于"治"。而庄子的思想则是完全脱离于现实政治的，主张逍遥，"乘天地之正，而御六气之辩，以游无穷"（《庄子·逍遥游》）。他甚至比喻做官是龟到庙堂之上充当牺牲，把宰相的地位看成猫头鹰喜爱的腐鼠。完全追求自然，不理政事。这是我们在春秋诸子流传下来的经典里所难得见到的。

但这并不意味着庄子的思想在春秋时期没有典源。我以为，庄子的思想一部分来源于老子，一部分来源于儒家的颜回学派[①]。除此之外，杨朱的思想也有可能是庄子思想的一种来源。杨朱的主张，一言以蔽之，是"拔一毛而利天下，不为也"（《孟子·尽心上》），因为"一毛"再轻，也是身体的一部分。"积一毛以成肌肤，积肌肤以成一节"，这样逐渐积累下去，终于将累及生命。而以同样的道理推下去，一个人的生命不当成一回事，一群人的生命也受到轻视，则世上无人的利益可以受到保护，故只有"人人不损一毫，人人不利天下"，才会有"天下治矣"（《列子·杨朱》）。

这与德国哲人康德的思想类似。康德的墓碑上刻着一句话："使余深思而畏之者有二：立我首者，灿烂之星空；位我心者，道德之法则。"所谓道德，原没有一定之规，人在道德面前也常常陷入两难境地（如母亲和媳妇同时落水的命题），然而康德却为道德制定了三条律令，即"普遍的行为法则""人是目的"以及"意志自律"，将道德条例化、标准化，但在遇到具体的事实时，则依然少不了困扰：

---

① 参考本书《孔门弟子的分裂与儒家八派的形成和演进》。

假如这里有两条铁轨，一条是废弃的，一条是正在使用的。废弃的一条上有一个孩子在玩，而正在使用的铁轨上则有五个孩子在玩耍。现在一列火车驶来，扳道员在扳道口边，请问从道德的角度出发，这时扳道员是否应该让火车改变方向呢？

按照康德的绝对道德标准，火车自然不该改变方向。因为一旦改变方向，所牺牲的将是一个是无辜者。牺牲无辜者的决定本身就是不道德的，以不道德的因素发端，那么即便产生了好的结果，自然不算是道德。英国哲学家穆勒的意见正相反，他认为列车不改变方向，将有五个孩子会死，但在转换方向之后，只有一个人会死，所以从结果来看，造成的灾难更小，减轻灾难本身就是道德的一种——穆勒的这一派，被西方哲学史家称作"功利主义"。

两者都有道理，但又都似是而非。因为康德看原因，而穆勒看结果，而原因结果两者竟然又是完全矛盾的。假如我们相信康德的结论，则我们可以变换铁道上孩子为一个可以炸毁火车也将波及废弃铁道上玩耍孩子生命的武器，则康德的结论就变得十分可疑。而对于穆勒的说法，康德做出这样的反驳，假如现在有五个人站在轨道上，没有第二条轨道。这时一个人站在轨道正上方，旁边站着一个很胖的人，如果把胖子推下去，就可以挡住火车，五个人不用死，火车也可以安然无恙。因为救这五个人而牺牲掉一个无辜的胖子，这件事情本身必难以称之为道德。

对此，中国人的解决办法是，列车员进行道德教化，提高胖子的精神素养，培养他的大无畏精神，牺牲小我，完成大我，这样以他主动的出发，可以完成道德的拯救，自己又不会受到非道德的指责。孔子说"杀身以成仁"（《论语·卫灵公》），孟子讲"舍生而取义"（《孟子·告子上》），就是此种行为。一些胖子听从孔孟的劝告，完成道德的拯救，值得我们向他们顶礼致敬。但另一些胖子则想，以我的牺牲换取他人的平安并不值得，毕竟仁义是依附生命而存在的，如果失去了生命，仁义便毫无意义，这就是杨朱的"贵己"思想。

故而，杨朱的思想更贴近汉朝人说的"不以物累形"（《淮南子·氾论训》），即不追求物质或精神而损伤其形体。"断首以易冠，杀身以易衣"（《吕氏春秋·审为》）的事情是不值得的。所以我们也很难相信他会推崇结冠而死的仲由和易席而亡的曾参，因此引起儒家学派的反感恐怕也在情理之中。这种贵己的思想与道家的无为思想相结合，就是庄子的逍遥精神。追求自己的行为与自己的主观意志相一致，不屈从于世俗，后世的隐士便是杨朱与庄子的后学。

（六）余波：士与谶纬

阴阳家的学说受商代巫术文化的影响，是两周较有影响的思想体系。但在周代制度解体、封建制转为帝制之际，阴阳家也分为数派，分别与儒、道、兵家合流。儒家与阴阳家合流就产生了方士。汉代大儒董仲舒在其《春秋繁露》中有《符瑞》《求雨》《止雨》以及关于阴阳、天地、五行的文章多篇。窦太后骂赵绾、王臧时说："此欲复为新垣平也！"（《汉书·儒林传》）新垣平是文帝时期的一个方士，可见在汉初人的眼中，儒与方士并没有不同。所以《史记·儒林列传》说："及至秦之季世，焚诗书，坑术士"，《汉书·儒林传》所谓"及至秦始皇兼天下，燔诗书，杀术士"，所杀的"术士"就是儒生。今人多分辨"焚书坑术士"并非"焚书坑儒"，实际上是未通此中关键。至于儒生与阴阳家的结合原因怎样，分离的原因如何，恐怕非专文论述不可，此处只得从略。

综上结论：春秋时期百家的争鸣共同促进了中国士范的变迁。从此，中国的士人由一种社会身份转变为一种精神和道德传统，并影响两千年来中国人的风尚。

阴阳学派对诸子学派的渗透（研究大纲）

继儒墨学派的分裂、名家学派的形成之后，我又发现了先秦学术史中的第三大公案：阴阳学派的渗透。我认为这一公案就是许地山提出的"道家阴阳宇宙观的形成"和顾颉刚提出的"秦汉的方士与儒生合流"的问题的源头。

战国末期，统一战争逐渐接近尾声。作为一个新兴的王朝，秦国亟须一种政治思想来进行统治。为了适应这种需要，阴阳家开始附丽于先秦的政治思想。于是阴阳家一分为二，一派附丽儒家，产生了后来的方士；一派附丽道家，逐渐和庄子的思想结合。

（一）阴阳家产生的时代

阴阳学派的产生晚于商代，而早于邹衍的五行学说。在甲骨文中，只有春、秋，而没有冬、夏，这是春种而秋收的结果。论气候的变化，则有寒暑，《易传·系辞下》："寒往则暑来，暑往则寒来，寒暑相推而岁成焉。"可见"寒""暑"和"春""秋"原是两套计算年岁的法则。"夏"的意思原本是大（朱骏声《说文通训定声》："此字本谊训大也。万物宽假之时也。"又扬雄《方言》一："秦晋之间凡物壮之大谓之嘏，或曰夏"），"冬"的本义是"终"（《说文》："四时尽也。从仌从夂。夂，古文终字"）。这两个季节的独立没有任何农耕上的意义。冬夏与春秋的相配，可能就与四象的出现有关。以春配少阳、夏配老阳、秋配少阴、冬配老阴。后来又有五季，多一长夏。这长夏和四季的单字解构颇不相配，可见是后起的，目的在于配合五行。由此可以判断，五行的出现应该晚于阴阳。

（二）"黄老"思想：阴阳家向道家的渗透

老子的思想本不成学派，但后来与他思想相近且祖述他思想的庄子出现，并有后学继承庄子的思想，才使得老子的思想有了学派的规模。《庄子》一书中多为寓言，一些寓言的主角便是黄帝，阴阳家以此为凭，完成了与道家在偶像上的结合。这种对黄帝的偶像推崇，又刚好能同儒家的尧舜推崇相抗衡。这就是所谓"黄老"的起源。

（三）秦汉的方士与儒生：阴阳家向儒家的渗透

秦汉时期的儒生带上了一定的方士色彩。董仲舒《春秋繁露》中就有求雨止雨、阴阳、五行等专章。《左传》的最终完成应该在汉初。并且明显分成前后两个部分，前面恪守"楚子""晋侯"的规矩，语言简略，少数补充事实，多数是对《春秋》文本的解释。后补进来的内容则多有"楚王""晋公"等等，语言开始繁复起来，而且旨在补充事实，为了用历史验证易经。是儒家与阴阳家之争的一个结果。所以补充的史事，大多为印证而来，也未必是真实的历史。

（四）《三十六计》：阴阳家向兵家的渗透

阴阳学派的思想出现十分之早，甚至在《周易》时代就已经有阴阳学派了，而且其影响十分广泛，《汉书·艺文志》中诸子里有专门的阴阳家，在兵家中又有持阴阳的一派。可惜现在阴阳学派的著作基本上已经消失，兵家阴阳一派的著作也不多见。唯一可以参考的是一部《三十六计》。《三十六计》的成书虽晚，可它祖述的思想却是很早的。根据 2009 年山东省济宁市发现的一部隋代玉简《三十六计》来看，基本上可以判断《三十六计》为隋代之前的著作。无论这部书是否如专家所言是檀道济所作，至少这个时代是在《隋书·经籍志》之前。到了《经籍志》的时代，兵家阴阳的一派还有《太公阴谋》《太公阴符钤录》《太公金匮》《太公伏符阴阳谋》《黄帝兵法孤虚杂记》《周书阴符》

等书可以供《三十六计》的作者参考。所以《三十六计》虽然晚出，但却实承兵家阴阳的传统而来。《汉书·艺文志》中将兵家分为权谋、形式、阴阳、技巧四门，共五十三家，七百九十篇。而阴阳十六家，二百四十九篇，在数目上约为三分之一。可见阴阳家对兵家的影响。这种影响甚至一直延续到南北朝时期。檀道济在作《三十六计》的时候，还是用四象来解释兵法。又"金玉檀公策，借以擒劫贼"一句似乎可以作为证明。我们要分析阴阳学派的思想、阴阳学派对于兵家的影响，非要借助这本书不可。

二、《论语》新诠——部分《论语》篇章的新诠释

学而第一

【1.10】子禽问于子贡曰："夫子至于是邦也，必闻其政，求之与，抑与之与？"子贡曰："夫子温、良、恭、俭、让以得之。夫子之求之也，其诸异乎人之求之与？"

孔子的恭，是对制度的恭（与下大夫言，侃侃如也；与上大夫言，訚訚如也。君在，踧踖如也），不是个人气节的委蛇（道不行，乘桴浮于海）；孔子的俭，是个人的俭，不是礼仪的俭、文化的俭（赐也！尔爱其羊，我爱其礼）；孔子的让，让的是表现（己欲立而立人，己欲达而达人），不让的是原则（当仁，不让于师）；把人之所求让出去，把内心存留下来。孔子的恭与不恭，俭与不俭，让与不让，成就了一个伟大的人物，留下的是千古的精神与操守。儒家讲有经有权，守有原则，而又能通融于事，才是中庸。

【1.14】子曰："君子食无求饱，居无求安，敏于事而慎于言，就有道而正焉，可谓好学也已。"

过去我一直不太懂一件事，为什么我们的古人让我们又要"立言"又要"慎言"，我一开始觉得这两个概念是冲突的。但现在明白了，所谓"慎言"就是少说话，因为做事比说话更重要，事情做到了，再说话的时候就有底气、有力量。有了政治资源，有了话语权，这个时候，一个人的讲话才有分量。否则，就只能给自己带来麻烦。但"立言"却是你要在文章里发表自己的看法，不求认同，但求自己独立思考能够长有、长存，这是在人格上可以有值得后人想念的东西，是教人不失自己，而不是胡乱讲话的意思。

【1.15】子贡曰："贫而无谄，富而无骄，何如？"子曰："可也。未若贫而乐，富而好礼者也。"子贡曰："《诗》云：'如切如磋，如琢如磨'，其斯之谓与？"子曰："赐也！始可与言《诗》已矣。告诸往而知来者。"

这里读者千万别被这对师生骗了去，他们可是能够用伯夷、叔齐的典故来表明关于任官于卫君的态度与可能的人，此一点冉求也不如他们。因为子贡经常问老师自己是什么人（孔子回答是器具，而且是庙堂之器），也经常问同学怎样（子贡问："师与商也孰贤？"子曰："师也过，商也不及。"）我颇怀疑子贡是通过人生态度来询问老师对于门下众人的看法。因为子贡因"方人"而受到过孔子的批判，所以这里用另一种方式来向老师提问。所谓"贫而无谄"我觉得指的是原宪，"富而无骄"指的是自己。孔子的答案是，他们两个比不过另两个同窗，那就是"贫而乐"的颜回，和"富而好礼"的南宫适。原宪，字子思。曾向孔子问仁、问耻。家贫，却不靠谄媚获得富贵。南宫适（读 kuò），一名南宫阅，是孟僖子的儿子、孟懿子（仲孙何忌）的兄弟。家富庶，颂《白圭》之章自勉。孔子赞曰："邦有道不废；邦无道免于刑戮。""君子哉若人！尚德哉若人！"

为政第二

【2.12】子曰：君子不器。

孔子说的"君子不器"，朱熹解释说："器者，各适其用而不能相通。成德之士，体无不具，故用无不周，非特为一才一艺而已。"但是，按照这种解释，冉求是当之无愧的君子，可孔子却"鸣鼓而攻之"，可见"器"不是君子的唯一标准。可是孔子也说过，"吾不试，故艺"。"艺"是以不被任用为代价取得的，孔子虽然提倡"艺"，却也不将其作为衡量君子的条件。我认为这句话的意思是说：君子应该有独立的人格和权利，而不是像一件器物，被外界所谓的责任和意识所左右。君子应该有自己的判断，也有自己的选择，自己能做自己想做并认为正确有价值的事情。所以孔子说子贡是胡琏，并不是说他只具备一种才能，而是说他具有庙堂之才，能够担任自己在庙堂上的责任，却还是身不由己，不能在职责和道义之间从心所欲。

公冶长第五

【5.24】子曰："孰谓微生高直？或乞醯焉，乞诸其邻而与之。"

孔子提到的"直"是与"曲"或"屈"相对的，就是不矫作，不委饰，不做作。孔子认为微生高不正直，是因为别人向他借醋他不能坦言说没有，也就等于没有直面没有醋的窘境。推而广之，微生高也就可能没有勇气面对自己的错误。道德的亏损，只是一味地逃避，达不到过而能改，当然失掉了君子的可能。

【5.25】颜渊季路侍。子曰："盍各言尔志？"子路曰："愿车马衣轻裘，与朋友共，敝之而无憾。"颜渊曰："愿无伐善，无施劳。"子路曰："愿闻子之志。"子曰："老者安之，朋友信之，少者怀之。"

颜渊子路侍立在旁，先生说："你们何不各言己志？"子路说："我愿自己的车马衣裘，和朋友们共同使用，直到破坏，我心亦没有少微憾恨。"颜渊说："我愿己有善，己心不有夸张。对人有劳，己心不敢有施予。"子路说："我们也想听先生的志愿呀！"先生说："我愿对老者，能使他安。对朋友，能使他信。对少年，能使他于我有怀念。"

以上的译文引自钱穆的《论语新解》，这里把"安""信""怀"完全当成使动用法，因而把"怀"字理解为"怀念"。杨伯峻《论语译注》亦持此说。杨伯峻的译文是："（我的志向是，）老者使他安逸，朋友使他信任我，年轻人使他怀念我。"

将"怀"字理解成"怀念"，最明显的一个问题，是对"仁"的理解产生了偏差。孔子解释"仁"为"爱人"（《论语·颜渊》），所谓"爱"是一种发自内心的非功利的情感。而"使之怀念"，是以得到感念，使对方感恩为目的，具有明显的功利性。可能有人对孔子一直做没有功利的事情有所怀疑，认为偶尔寄希望于别人的感恩也是正常的事情。但我们可以确定的是，作为一个提倡仁爱的人，绝不可能以这样功利之说来教导学生。所以另有一些人主张把"怀"字理解成"依靠"并引申为"依顺"。比如《孟子》中有"周公兼怀夷狄之人，驱害人之猛兽也"一句，当中的"怀"就是"依靠"的意思，只不过引申为"归顺"。

但这种解释却偷换了一个概念。在"老者安之"当中，是把"之"字理解成了"他"，也就是"老者"。而"朋友信之"和"少者怀之"当中，把"之"字理解成了"我"，而不是相对应的"朋友"和"少者"。当然，我们不能说一句话中的三个同样的字就一定表示同样的意思。比如《荀子》"积土成山，风雨兴焉；积水成渊，蛟龙生焉；积善成德，而神明自得，圣心备焉"中的三个虚词"焉"字就不完全一样。但至少对应的两句（风雨兴焉，蛟龙生焉），含义是相同的（都是兼词，"于是处"的意思）。而在本句话中，毫无疑问，"老者安之"和"少者怀之"是完全对应的，如果对待"老者"是"安顿他"，那么对待"少者"就应该是"关怀他"。

另一个值得探讨的问题是在"老者安之,朋友信之,少者怀之"里,"老者"和"少者"亦有歧义:一可以指代天下所有的老人和少年,二可以仅指自己的父兄和子弟。而判断这两组词的重要依据,其关键在于对"朋友"两个字的解释上。如果说"老者"指的是天下所有的老年人,"少者"是指天下所有年轻人的话,则"同门为朋,同志为友","朋友"两个字就应该理解成天下间一切与自己志同道合人。换言之,孔子这句话不仅把天下所有老人和年轻人的幸福当成志愿,并且把得到所有共同志愿的人的信任作为一种追求。

但是得到所有与自己道德理想相同的人的认同是做不到的,而且孔子自己也承认这一点。孔子说:"贤者辟世,其次辟地,其次辟色,其次辟言。"(《论语·宪问》)孔子本身是避人之人,却无法得到避世的长沮、桀溺的认同。对此,他只能自我叹息说:"鸟兽不可与同群,吾非斯人之徒与而谁与?天下有道,丘不与易也!"(《论语·微子》)

因此,所谓"朋友"当解释为与自己日常接触的有共同爱好志愿的人,而非全部道德理想相同的人。能够得到全部所接触的共同志愿的人的信任已经不易,更何况于天下。而且孔子的教学方式一向是以小见大:理想务必高远,但行动必须低微。只有脚踏实地,才能成功。所以我认为应将这句话翻译成:"使自己的父兄得到安顿,使自己的朋友信任自己,使自己的子弟得到关怀。"这样才实用,对自己学生未来的价值确定也更有价值意义。

子罕第九

【9.1】子罕言,利与命,与仁。

历来这句话的断句为:"子罕言利,与命,与仁。"翻译为:"先生平日少言利,只赞同命与仁。"(钱穆译法)或者"孔子很少(主动)谈到功利、命运和仁德。"(杨伯峻译法)但在《儒家哲学》中,梁启超把此句话作为"孔子很少说命"的例证（见《儒家哲学·儒家哲学的重要问题·二 天命的问题》）。子贡说过："夫子之文章，可得而闻也；夫子之言性与天道，不可得而闻也。"天道就是命的另一种反应。而同时又说："孔子学说，最主要者为'仁'。仁之一字，孔子以前，无人道及……以仁为人生观的中心，这是孔子的最大发明。孔子所以伟大，亦全在此。《老子》书中，讲仁的地方就很多……假使孔子不先讲仁，老子亦用不着破他了……可知老子之作是在孔子的'仁'字盛行以后。"也就是说，孔子不但谈仁，而且谈的最早，谈的也多。而在《论语》的原文里，我们确实知道，孔子漫书都是"仁"字，很少说"命"。所以我主张断句为："子罕言，利与命，与仁。"并且把第一个"与"字认作连词，就相当于今天的"和"字；把第二个"与"字当作动词，是表示赞同的意思。所以，本句话的意思，我觉得应该是：孔子很少说利益和命理，却赞同仁爱。

先进第十一

【11.11】季路问鬼神。子曰："未能事人，焉能事鬼？"曰："敢问死？"曰："未知生，焉知死？"

子路之所以以鬼神之事问孔子，是因为孔子乃是商王的后代，而商王朝是以鬼神为上的王朝。《礼记·表记》说："殷人尚神"，正是这个意思。孔子自己说："殷礼，吾能言之。"季路之问事鬼神，实则是以殷礼问于孔子。而孔子以"未能事人，焉能事鬼"回应，证明他已经被周文明同化，不再以商朝文化为宗。面对礼，他说："郁郁乎文哉，吾从周。"

子路第十三

【13.4】樊迟请学稼，子曰："吾不如老农。"请学为圃。曰："吾不如老圃。"樊迟出。子曰："小人哉，樊须也！上好礼，则民莫敢不敬；

上好义，则民莫敢不服；上好信，则民莫敢不用情。夫如是，则四方之民襁负其子而至矣，焉用稼？"

这个文段历来被骂成是孔子对劳动人民的轻视——那可真算是没能理解文段的中心。中心在于孔子的解释："君子在上位，只要能好礼，民众便莫敢不敬。只要能好义，民众便莫敢不服。能好信，民众便莫敢不用他们的真心和实情来对上。政治能做到这地步，四方民众都会背负了他们的孩子来请入籍，那就耕户日增，耕地日辟，何必自己学稼穑之事呀！"（钱穆译本）实际上孔子的解释是告诉樊迟要从政而不是"稼穑"，这样一来，"稼穑"就是和从政相对的一种生活方式和作风态度。事实上，樊迟问稼，可能是有隐逸的打算，如长沮和桀溺一样，隐逸之后去种地谋生，所以孔子认为他不能"知其不可而为"，骂他为"小人"，绝不能像某些人从字面上理解的那样，认为这是轻视劳动者的表现。

宪问第十四

【14.16】子路曰："桓公杀公子纠，召忽死之，管仲不死。"曰："未仁乎？"子曰："桓公九合诸侯，不以兵车，管仲之力也。如其仁，如其仁。"

管仲凡会盟者八次，不以兵车的会盟，事实上只有葵丘的一次。这里的"九"应该做"纠"字解，之所以不用"纠"字，大约也是春秋笔法。管仲是公子纠的臣，不为公子纠而死，却反身侍奉姜小白，这也是子路怀疑管仲"未仁"的原因。隐去"纠"字，大约是有替管仲开脱的意思。关于避讳：中国人避讳的无趣，于孔丘和嬴子楚先生身上至为明显。孔丘以山为名，结果成为圣人，尼丘山遂改名为尼山。嬴子楚为取悦华阳夫人，以楚为名，始皇登基，于是楚国改称为荆国。因之为名的事物反而因被命名人的名字失去了意义，真是中国传统文化中的一大无聊。

阳货第十七

【17.24】子贡曰："君子亦有恶乎？"子曰："有恶。恶称人之恶者。恶居下流而讪上者。恶勇而无礼者。恶果敢而窒者。"曰："赐也亦有恶乎？""恶徼以为知者，恶不孙以为勇者，恶讦以为直者。"

"徼"字可以有几种理解，比如侥幸，比如边界，比如通"剿"，抄袭的意思。这里我还是认同钱穆的观点，主张最后一种，是对学习并宣传别人思想而缺乏主观意见的人的一种蔑视，所以我觉得第一个分句的对象是颜回，因为颜回好学，却缺乏自己的建树（他甚至连思考和建设性的提问都没有，不如子贡和子夏，孔子还说"起予者商也"，还说子贡可以与之言《诗》）。第二句的对象是子路，因为子路好勇，敢于冲撞孔子，敢直接对孔子进行顶撞的，只有子路一个。孔子去见南子（傅佩荣认为"南子"是"子南"之误，这一点此处暂不讨论），子路就敢和他发生冲撞，弄得孔子指天发誓。而事实上，指天发誓势必已经把人逼迫到一个界限上，对于长辈的逼迫，自然是不逊。第三句则直指宰我。讦，朱熹的解释是"谓攻发人之阴私"。钱穆进一步解释说是"非直而以为直"。杨伯峻解释也差不多，是"揭发别人阴私"的意思。杨树达的解释："遇人之是而不止。"李零解释："当面攻击，攻人之短，揭人隐私，让对方下不来台，汉代也叫'面折。'"我认同杨树达先生的观点，并且认为遇到正确之后的强辩，以别人的道理来做强辩的反击，用尖酸的语言来反驳对手。这样的人物，正是宰我之俦。

【17.25】子曰："唯女子与小人为难养也，近之则不孙，远之则怨。"

"小人"在这里有可能指的是百姓——我们知道"君子"和"小人"在《论语》中有两种含义，一种是道德上的，一种是社会地位上的，这里我们理解为后者，也无可厚非——作为一个封建时代的为官者，最难相处的就是与百姓之间的关系：亲近百姓，就容易没有威仪，失去当官者的可信；远离百姓，有可能让百姓抱怨，不能配合政府官员的工作。正如同处理和家中女子的关系一样，近则猥亵，远则抱怨。不过现在则有所不同，因为女子解放，追求民主。没有民主的时代，总是把百姓当成一种复杂的生灵，没有自由还要其合作，我们悲悯那时的官员，同情那时的百姓，同时也厌恶那样的一种制度。

三、子路的年龄——一个哲学史中不该忽视的小问题

仲由，字子路，是孔子最为重要的弟子之一。关于他的年龄，《史记·仲尼弟子列传》以及《孔子家语·七十二弟子解》均记载得十分明细，称其"少孔子九岁"。二书言之凿凿，按说没有理由怀疑，但这个年龄在实际上却是很成问题的。

举个简单的例子，我们读《论语》的时候发现子路经常和颜回做对比，在老师孔子那里吃颜回的醋。《论语·述而》记载："子谓颜渊曰：'用之则行，舍之则藏，惟我与尔有是夫！'子路曰：'子行三军，则谁与？'子曰：'暴虎冯河，死而无悔者，吾不与也。必也临事而惧，好谋而成者也。"颜回小孔子三十岁，按照《史记》或者《家语》的记载，其比子路小二十一岁之多，属于子路的下一代人（按照这种记载，颜回的父亲颜无繇仅比子路大三岁），和自己下一辈的人争风吃醋，子路则有过于嫉妒之嫌，这在孔门中亦为一大忌。《论语·阳货》曰："唯女子与小人难养也，近之则不孙，远之则怨。"故怨望、嫉妒即沦于小人之列，但纵观《论语》，孔子对子路完全没有类似的批评。

孔子对子路的批评主要是他过于勇敢。他曾经批评子路说："由也好勇过我，无所取材。"又一次，子路问孔子："闻斯行诸？"孔子说："有父兄在，如之何其闻斯行之！"可是冉有问同样的问题，孔子却说："闻斯行之！"另一位弟子公西华表示疑惑，孔子解释道："求也退，故

进之；由也兼人，故退之。"（《论语·先进》）在本段文字中，能够看到：1.孔子对子路说话的时候他的父兄都还健在，并且子路足够年轻，需要父兄的帮助；2.孔子对子路、冉有说话时，公西华就在旁边，所以才有此问，故而此时公西华已经成为孔子的弟子。

但这恰恰是一组矛盾，因为公西华小孔子四十二岁，若子路小孔子九岁，则公西华应该比子路小三十三岁。而在事实上，孔子只收十五岁以上的弟子。他曾经说："吾十有五而志于学。"（《论语·为政》）又说："自行束脩以上，吾未尝无诲焉。"（《论语·述而》）后一句话在过去的解释是，孔子收徒以束脩为礼。朱熹说："古人空手硬不相见。束脩是至不直（通值）钱底，羔雁是较直钱底。真宗时，讲筵说至此，云：'圣人教人也要钱。'"这固然是一种解释，但实际上，"自……以上"的句型在先秦应该表示的是年龄，如《周礼·秋官司寇》中"自生齿以上"。在先秦时代，男子十五岁入学，所备之礼就是束脩，郑玄谓"束脩"："谓年十五已上。"（见《后汉书》卷六十四《延笃传》注）结合当时的风俗和孔子自身的经历，我们可以知道，要想成为孔子的弟子必须年满十五岁。

假使本年公西华刚满十五岁，则子路已有四十八岁，在春秋时代已经属于老人范畴了，还十分莽撞，需要受控于父兄，何其怪哉。更何况子路并非父亲的长子（有父有兄），他的年龄已经四十八岁，则父亲必然七十有余，思维是否健康尚且可疑，指望他替年近半百的儿子再做决定，更加不合事理。

何况按照《史记》和《家语》的记载，子路的出仕时间也不对。在《子路、曾皙、冉有、公西华侍座》一章（见《论语·先进》）中，四人均未出仕。公西华已经到了考虑出仕的年龄，则其年龄应在二十岁左右，子路的年纪应在五十三岁上下（一说当时子路、曾皙、冉有、公西华与孔子的年龄分别是五十一、三十九、三十一、十八、六十岁，不知何据），但子路此时还没有任何执政的经验，并在幻想美好的未来，实在不合道理。曾皙的年龄不详，但我们可以通过曾参的年龄来稍做判断，颜无繇二十四岁而生颜回，孔子二十岁生孔鲤，曾参小孔子四十六岁，曾皙应小孔子二十六岁以上，本年应在三十六岁上下。根据师徒五人的对话，可以明显看到子路的性格率性而为，曾皙的性格老成持重。所以子路的年龄不应该远远超过曾皙，应该比曾皙稍长，甚至应该在他的年龄之下。

另一个相似的证据在《论语·公冶长》中孟武伯问子路仁乎？子曰："不知也。"又问。子曰："由也，千乘之国，可使治其赋也，不知其仁也。""求也何如？"子曰："求也，千室之邑，百乘之家，可使为之宰也，不知其仁也。""赤也何如？"子曰："赤也，束带立于朝，可使与宾客言也，不知其仁也。"同样可以知道在公冶长预备出仕的时候，子路还没有出仕的经验。事实上，子路与高柴（字子羔）一同出仕，二者年龄也应该近似。子路推荐子羔当费地的宰臣，孔子有"贼夫人之子"的话（《论语·先进》），可以知道高柴的年纪略小于子路，高柴少孔子三十岁，子路的年纪应小孔子二十几岁。又其与冉有均问"闻斯行诸"的话，可见这件事情发生在二人的早年，两者的年纪也应该相近。冉有比孔子小二十九岁，子路的年龄应该与他相当。

考虑到《史记》和《孔子家语》中的记载，我们可以推断子路年龄的"少孔子九岁"应该是"少孔子二十九岁"之误。这样，他就长颜回一岁，长公西华十三岁。如此一来，他跟颜回才具有可比性，而在四人侍座的时候年纪大约在三十三岁，孔子说过"三十而立"，子路年纪刚刚超过三十，自己为出仕做好了充足的准备，希望自己有用武之地，但却未能如愿。所以他才会有"居则曰：'不吾知也'"的感叹，正因为他对自己的前程有了足够的设想，所以孔子询问"如或知尔，则何以哉？"的时候，憨直的子路才敢于"率尔而对"。而曾皙的年龄则在三十六岁左右，已经超出孔子所规定的"三十而立"六年之久，因此他不再为自己的出仕抱希望，所以才说出了"莫春者，春服既成，冠者五六人，童子六七人，浴乎沂，风乎舞雩，咏而归"这样超然的话来。

综上意见，子路出生时间应该是公元前 522 年，根据《左传》的记载，公元前 480 年子路在卫乱当中去世，所以他的享年为 42 岁。

四、释"信"

儒家学说中的五常是从思孟学派的五行发展而来的，帛书《五行》谓五行为"仁义礼智圣"，董仲舒的五常为"仁义礼智信"。"信"为五常之末，是"圣"的替代物，但这并不意味着其不是儒家的主题思想。孔子曰"吾道一以贯之"，曾子解释说"夫子之道忠恕而已矣"（《论语·里仁》）。子贡问："有一言而可以终生行之者乎？"孔子的回答便是"其恕乎，己所不欲，勿施于人"（《论语·卫灵公》）。恕道在孔门思想里的重要性是不言而喻的，然而既非五行，亦非五常，可知并不能以其是否为"五行（常）"之一作为其思想价值的判断标准。孔子曰："自古皆有死，民无信不立。"可见孔子对"信"的看重。然而其具体的含义则言人人殊，故此笔者撰为短篇，对"信"的意义做一些简要的探讨。

世人一般将"忠""义"对举，或将"信""义"对举。然而在孔子的理论中却提倡"主忠信"。这样的说法在《论语》中凡三见。《论语·学而》："子曰：君子不重则不威，学则不固。主忠信。无友不如己者。过则勿惮改。"《论语·子罕》："子曰：主忠信，毋友不如己者，过则勿惮改。"《论语·颜渊》："子张问崇德辨惑。子曰：主忠信，徙义，崇德也。爱之欲其生，恶之欲其死，既欲其生，又欲其死，是惑也。"《子罕》与《学而》两篇的文字重复，正是儒家八派分裂之后各派系门徒分别整理汇编的结果。《论语》前后经常有重复的情况，被重复的观点显然意味着其能被更多派系的门徒认同，因而我们知道"主忠信"学说对于儒家学者的意义。

　　朱熹、杨伯峻、李泽厚、钱穆、杨树达等在其注疏中皆探讨"主忠信"的目的，却并没有解释儒家将忠信对举的道理。按《说文》："信，诚也。释诂。诚，信也。从人言。序说会意曰信武是也。人言则无不信者。故从人言。"可知"信"与"诚"为转注关系，具有相同的含义，即发自真心。信，古又同"伸"。所以信是一种发自内心的外化情感。而我对忠的解释则遵从朱熹的观点，认为"中心为忠，如心为恕"，忠的意义、价值就在于不违心的快乐。所谓忠于心，一在于正，二在于守，守住正道，才是忠的含义。所以孔子将忠信对举，是因为两者都是发自心中的情感，忠是一种内敛的操守，信是一种外在的关怀。这种关怀无所不至，给人以依靠、可靠之感。

　　正因为信是一种外在的关怀，而关怀又必然作用于人与人之间，所以信的理念，势必要经过人与人之间关系的检验，这种关系就是爱。只是信所表现的爱并非是如"仁"那样是一种泛爱，如"义"那样是一种不容推辞的道德意识，它只是一种关系的维系和关怀的表达。或者我们可以说，信是爱的底线，是道德最终的价值。所以《礼记·经解》中说："上下相亲，谓之仁。民不求所欲而得之，谓之信。"信与仁相比，已经失掉了相"亲"的内容，只剩下了能够满足其"欲"的"得"，只剩下这样一种基于欲望和获得之上的关怀和满足。

　　关于道德的失陷，老子曾预言："失道而后德，失德而后仁，失仁而后义，失义而后礼。"（《德经》第一章）但在"义"作为一种道德失陷之后，可能会有三种选择，这三种选择分别是，道德维系，文化维系和公约维系。道德维系就是"信"；文化维系，就是传统观念的维系，就是"礼"；而公约维系，是社会维系，亦即是"法"。我们同样把用以约束人行为的社会公约称为"法律"。老子看出道德维系已经失效，社会公约尚未形成，所以准确地判断出"失义而句礼"。这正是老子预言的高明所在。

五、释"小说"

"小说"这个词，在现代语义中指的是一种文体分类。是通过塑造人物、叙述故事、描写环境来反映生活、表达思想的一种文学体裁。关于"小说"一词的起源，最早被追溯到《庄子·外物》篇中："饰小说以干县令，其于大达亦远矣。"但诚如鲁迅先生所言，这里的小说不过是指"琐屑之言，非道术所在"，与现代语义中的"小说"差别甚远。到了《汉书·艺文志》的诸子分类中，专列小说家为一家，这里的"小说"才开始有了些现代语义的萌芽。

"说"这个词最早和"传"对应。"传"指的是对文义的学理性阐释，如《公羊传》《穀梁传》等。《春秋》微言大义，两部书将《春秋》内部很精微的东西用理论敷陈、解释出来，这种行为就是"作传"。后来《易经》有《易传》，《春秋》又有《左氏传》《邹氏传》《夹氏传》等多种，所以《艺文志》说："易有数家之传"，《孝经·玄宗序》："故鲁史《春秋》，学开五传，国风雅颂，分为四诗。"

而"说"指的是对文章形式的阐发，如《墨子·经说》《韩非子·喻老》等。如《墨子·经上》仅说："忠，以为利而强君也。"而《经说上》则针对这一句做出比喻："忠，不利弱子孩，足将入正容。"而在《韩非子》中"传"与"说"的区别似乎更为明显些，《解老》中完全是学理性的阐述，而《喻老》中则多举寓言为例。如解释"罪莫大于可欲"一句时，韩非子举例说：翟人有人将丰狐、玄豹的皮献给晋文公，晋文公拿到兽皮之后感叹："此以皮之美自为罪。"文中并没有逐字解释句子，但用了一个寓言来阐明当中的道理，这就是"说"。

汉代初期，产生了很多以"说"命名的著作，如《黄帝说》《伊尹说》《鬻子说》等，这些"说"明显跟"经"有关。有《伊尹》，就有《伊尹说》；有《黄帝四经》，就有《黄帝说》；有《鬻子》，就有《鬻子说》。三种"经文"与《韩非子·喻老》的主体都出自道家，这应该不是巧合。由于文献的缺失，我们不能知道这三部以"说"命名的著作的具体内容，但通过对《韩非子·喻老》的考察，我们可以估计，其中的内容大约与后来儒家的《韩诗外传》类似。《韩诗》是《诗经》四家的一种，《韩诗外传》以"外传"命名，其实也就是"说"的意思。

　　班固在《汉书·艺文志》中解释"小说家"："小说家者流，盖出于稗官。街谈巷语，道听涂说者之所造也。孔子曰：'虽小道，必有可观者焉，致远恐泥，是以君子弗为也。'然亦弗灭也。闾里小知者之所及，亦使缀而不忘。如或一言可采，此亦刍荛狂夫之议也。""出于稗官"者，大约是班固本人的臆想，或者受到刘歆《七略》的影响也未可知。胡适《诸子不出于王官论》一文表述甚详，因此本文不做枝蔓。所引孔子之言实际上是子夏所说，原文出自《论语·子张》。原文特指体道而言，"小道"的来源是"道听涂说者之所造"，其中所谓的"可观者"也是指对经文的理解和演绎来说的，否则就不足以称之为"道"了。因为这种"小道"的来源是民间，并非专业的学者所得，所以难免对经文有所偏离，不是长久之道（致远恐泥），只是具备一定的参考价值罢了（必有可观者焉）。

　　这就是为什么在《汉书·艺文志》中更具现代小说意味的《说苑》和《新序》被列在儒家之中，而来源于同一作者的《百家书》（与上面两者均为刘向编纂）却列在小说家里。盖前两部书中，虽然有一定叙述的笔法，甚至虚构的性质，但从内容上说，不过是在儒家的事迹之外补充一部分"外史"，《百家书》的全文已佚，但从保留的部分文章来看（《太平广记》引《风俗通》佚文，转引刘向《百家书》，"宋城门失火"条），能够明显看出寓言是为了说明道理而作的，并不是为了记事，当然也就属于"外传"之类，所以归于"小说"——这是《百家书》与前两者最主要的区别。

　　也正是因为"小说"最初的目的是为了解释经文，而其言又多半为编纂之辞，所以班固在对诸子流派划分的时候，对小说家是否可以单独成为一家颇为犹疑。所以其提出"诸子十家，其可观者九家而已"。"可观"当然是在体道的意义上说的，小说家的"可观"之后还有"致远恐泥"的限制，所以其"可观"程度自然是要打折扣的。

所以班固在《汉书·艺文志》中著录小说，从《青史子》开始。这只是意味着对诸子经文的寓言性解说从《青史子》开始成为专著，而不是表明班固认为汉代以前没有今天意义上的小说。其在《汉书·艺文志》中屡称"迂诞依托"也并非是指作品的可靠性而言，而是就"说"对"经文"的游离程度来做评价的。

从齐梁以下，"小说"的意义开始发生了转变，刘勰在《文心雕龙·诸子》当中说："若乃汤之问棘，云蚊睫有雷霆之声；惠施对梁王，云蜗角有伏尸之战；《列子》有移山跨海之谈，《淮南》有倾天折地之说，此踳驳之类也。"而到了唐代刘知几所编纂之《史通·杂述》中，开始将史家"逸事"中的作品划为小说，认为其"街谈巷议，时有可观，小说卮言，犹贤于已。"称"杂记"的部分"求其怪物，有广异闻"，对其"苟谈怪异，务述妖邪，求诸弘益，其义无取"加以史学价值上的否定，但这也是在另一种意义上将其纳入小说系统之中的表现。

如果说刘知几是为小说扩大了底线，那么宋朝的罗烨就是延展了它的题材和范围。罗烨在《醉翁谈录·小说开辟》中称小说："说重门不掩底相思，谈闺合难藏底密恨。辨草木山川之物类，分州军县镇之程途。讲历代年载废兴，记岁月英雄文武。有灵怪、烟粉、传奇、公案，兼朴刀、捍棒、妖术、神仙。自然使席上风生，不枉教坐间星拱。"直到这个时候，"小说"的意义才与现代的含义基本相合。

六、释"四诗"

历来说《诗经》者，有"四诗"之说，曰：《国风》《大雅》《小雅》

《颂》。《国风》分为十五，《雅》分为二，《颂》分为三。为何将大、小《雅》并列在"四诗"里，而《国风》和《颂》不做同样的处理，向来解释不清。或用《毛诗序》"政有大小，故有小雅焉，有大雅焉"来解释，但这只能证明《雅》何以一分为二，不能证明它们为何同时并列在"四诗"中。所以自苏辙以降，历代学者如王质、程大昌、戴震、崔述、梁启超等人，大都主张二《雅》合并为"四诗"之一，而剩下的一个空位，则由《南》来填补。

　　《南》即二《南》，是诗经开篇的《周南》《召南》的合称。孔子说："人而不为《周南》《召南》，其犹正墙面而立也与？"（《论语·阳货》）可见这两组诗歌的重要性。而在体制上，"南"首先是乐名，《诗经·小雅·钟鼓》中有"以《雅》以《南》，以籥不僭"；《礼记》有"胥鼓《南》"；《左传》记季札观乐有《象箾》《南籥》之舞，可见"南"的本义当是一种独特的乐名。尽管《国风》是否入乐仍有争议，但可以相信，即便它们入乐，也与《南》决然不同，否则二《南》便没有单独以"南"命名的必要了。这是二《南》独立于《国风》之外的第一个证据。第二个证据则是"南"作为一种体制，有其独立的历史沿革。梁启超认为"南""任""盐""艳"同音，如汉魏乐府中的《昔昔盐》《黄帝盐》《乌鹊盐》《突厥盐》之类，六朝唐乐府及宋词的《三妇艳》《罗敷艳》《鞍子艳》之类，都是"南"这一体裁的衍生。（见梁启超《中国之美文及其历史》）

　　不过也有人对此提出异议。如陈启源认为所谓"雅"，本是《诗经》的六义之一，并不是乐名。《南》以乐名与二《雅》并列，显然并不合适。（《毛诗稽古编》）

　　要解释这个问题，我们还需溯源其本义。《诗经》的六义，最早出自《毛诗序》，但它的根源则可以追溯到《周礼·春官》中："太师教六诗，曰风，曰赋，曰比，曰兴，曰雅，曰颂。以六德为之本，以六律为之音。"过去我们不知道"六德"是什么，所以"以六德为之本，以六律为之音"这两句话颇不可解。但近来有郭店楚墓竹简中有《六德》一篇，是子思一派的遗文。文中提出君、臣、父、子、夫、妇为"六位"，而忠、义、圣、仁、智、信则是匹配"六位"的"六德"。这证明了两件事：第一，《周礼》并不见得是伪书，因为最迟到了《白虎通义》的时代，"六德"就已经为"三纲"所代替了；第二，《诗经》中的"六义"是用来比附"六德"的。

如此，我们为六义及其顺序找到了更为可靠的解读方法：所谓"风"，就是"讽"，是臣对君的讽谏，体现臣子对君主的"忠"；"赋"的本义是"敷"，是君主对大臣的态度，《尚书·大禹谟》："文命敷于四海"，君主对大臣直言，就是"义"。"雅"就是"夏"，也是"大"，是"正"，正大就是"圣"，是父亲对儿子的德行；"颂"就是子对父，子对父要颂扬其功德，掩盖其过失，这就是"仁"，《诗经》中的《颂》多祭祀先祖的歌，道理也在这里；"比"是夫对妻，《说文》说："二人为从，反从为比"，换言之，"比"的本义就是决定出二者的次序。楚简《六德》说夫是"率人"者，妻是"从人"者，有"率"有"从"，当然就是"比"。而要"比"，则首先要"知"其妻，"智"的本义就是"知"；"兴"按《说文》："起也，从舁从同。""兴"有"同"的含义，也是"从人"者的本分。

夫妻之间有率、从的分别，由此我们可以知道，"比"和"兴"的区别在于：比是看重所比两者的差异；而兴则是看重所比两者的共同特征。之所以"六义"的顺序是"风赋比兴雅颂"，并非孔颖达所说："诗之四始，以风为先"，"既见赋、比、兴于风之下，明雅、颂亦同之"，而是因为风赋、比兴、雅颂两两对应，无可拆分。

由上可知，六义之所以并称，也是因为它们占据六德之位。只不过因民歌多用"风"的手法，贵族歌曲多用"雅"的手法，祭祀歌曲多用"颂"的手法，所以三者也被当作《诗经》的文体分类。而《诗经》原有的另一个分类"南"，在手法上与国风相同，但是在音乐上与"风"

有所区分，所以《诗经》又称"四诗"。但古音不传，南、风之间的界线也随之模糊。后人遂将二者合并，以风雅颂为诗之体，赋比兴为诗之用，实在是大错的事。至于为了附会原有的"四诗"之名，又强行将"雅"诗一分为二，更是错上加错了。

既然《南》是"四诗"的分类，那么它的本义又当如何呢？傅斯年认为"南"的本义是南国之乐，并且认为："《周南》《召南》都是南国的诗，并没有岐周的诗。"不过这解释并不妥当。它无法阐明的是，《诗经》既然是经过推崇周道的孔子整理的，为什么仍然没有将岐周的诗列在首章，反而让"蛮夷"的诗歌排在最首，并且大肆推崇（除了上引《论语·阳货》中的话外，孔子还曾一度称美《周南·关雎》，乐而不淫哀而不伤，见《论语·八佾》）？

曹植的《鼙舞诗序》可以为我们提供一些线索，曹植称："先帝（曹操）闻其旧伎，下书召坚。坚……依前曲作新声五篇。"所谓前曲，就是汉朝的旧曲；所谓"新声"，就是采用魏国的诗赋传统，制作新的篇目。魏国只会沿用汉声，但不会沿用蜀声、吴声。同样的道理，在西周时代，周王朝大约会延续商王朝的乐曲，而不会采用南国的声调配词。何况，南国之歌词三言一断，周王朝的声律二言一断，两者根本不合①。二《南》之所以以"南"字命名，正是因为商的首都亳在周的首都镐京之南。二南也是"依前曲作新声"的典范。它在发展上是最前的，所以可以居在国风、雅、颂的前面。而在汉字的发展顺序上，我们也不排除另外一种可能，即"南"字本身，是就音调来说的，《白虎通》："八月之律，谓之南吕何。"以及前文所引《诗经·小雅》"以雅以南"都是同样的指向。"南"字首先应该是象形字，是一种乐器，因其来自南面的商王朝，所以又被假借表示方向。

---

① 参考本书《夏声与楚声》。

七、夏声与楚声

七言诗和五言诗并非同一种文体，之所以我们今天觉得二者相同，是因为永明声律说之后，古诗律化，五言和七言诗歌遵从同一种平仄。在唐诗里我们经常看到五言和七言掺杂匹配的例子，可知道在音乐上二者也可以采用同一种风格的曲子。故唐代以来，五言和七言在使用上仅有字数的差异。

但就来源上说，五言诗源自《诗经》，是以两字为一断；而七言诗则是从《楚辞》演化来的，以三字为一断——《诗经》虽然有二至九言不等的句子，但每个句子的模式基本上是以两字为一断的，奇言的句子多出来的恐怕只是连词或衬音。而《楚辞》在音节上虽然偶有两字为一断的例子，但其最主要的则是以三字为一断。《诗经》是华夏民族的经典，因此我们将二音为一断的特色称为夏声；而《楚辞》是楚族的经典，我们将它称为楚声。

在完整的五言诗出现之前，已经有五言的雏形产生。如《戚夫人歌》（出《汉书·外戚传》）、《李延年歌》（出《汉书·外戚传》）、《杨恽歌》（出《汉书·杨恽传》）等。尽管《戚夫人歌》里还有"子为王，母为虏"这样的三字句，受到楚声的影响，但那是因为她身为刘邦的嫔妃，受到宫中楚文化影响的缘故。但在当时，两字为一断的夏声模式已经在北方展开了（戚氏是山东定陶人）。而《杨恽歌》尤其可以看到五言是出自四言的。七言诗则起源于张衡，他的《四愁诗》是七言，都是三字为一断，拿首句来说，如果除去了语助词"兮"字以后，刚好得到两个三字句，符合楚声传统。而其《思玄赋》后面所附的《思玄诗》，则依然延续这一传统。

夏声与楚声的来源可远溯到西周时代。当是时也，中原有六大民族：一，夏民族，陈、杞为代表；二，商民族，宋为代表；三，周民族，这是当时的主体，周王国及姬姓各国均可代表；四，齐民族；五，楚民族；六，秦民族。其中，夏民族已经衰微，他们的文化对当时的中原各国影响并不突出。齐民族是古羌族与东夷民族的混合，本应在文化上有所建树，但它过早为周文化所同化，有"齐一变至于鲁，鲁一变至于道"（《论语·雍也》）的说法。有自己独立文化的民族只有商、周、楚、秦四个。

四大民族之中，商、周二族建立文化较早，而楚、秦两族建立文化较晚。《诗经》中曾载有商（宋）民族的《商颂》，秦民族的《秦风》，但已经过了周民族采诗官的编排、学者的重新整理，具有了一定周文化的特色，所以其与周民族文学看不出有很大的区别。而假使我们以《史记·伯夷列传》中所载《采薇歌》来代表商文学，《秦始皇本纪》所载琅琊台刻石代表秦文学，则发现商文学与楚文学相近，而秦文学则更近似周文学。就《采薇歌》来看，它与《楚辞》极为相像，断句每以三字为限，句中频繁使用"兮"字作为停顿，完全可以算作楚声了。

就文化整体而言，胡小石先生曾在《中国文学史讲稿》中指出，楚人不奉周正朔，而以建丑之月为岁首。且殷楚皆称一年为一祀。殷人尚鬼，楚人亦尚鬼。近代学者利用甲骨文所发现的新字，以解释《天问》篇，也是殷文化输入楚国之一证。除了胡小石先生所列举此几项之外，我们还发现，商（宋）文化与楚文化均崇尚道学。楚人好尚道学，他们的始祖鬻熊即有《鬻子》（载于《汉书·艺文志》中），道家的大圣老子也是楚人。而宋人的道家则有庄子，而子罕的不以玉为宝，借给百姓粮食但不要名誉，也有一些道家的思想。

秦是周分封出来的诸侯国，与周有从属关系。秦故地属于为西戎所侵的镐京旧地，在制度和文化上毫无疑问是继承周文化的。自襄公迄孝公，秦人忙于扩张领土，文化制度上的建树很少。商鞅变法，政治体制上为之一变，却很少涉及文化。及秦始皇兼并天下，祖龙燔典，不韦传书，秦才有自己的文化见解。本来秦人可以在文化上有新的起色，只可惜作为统一王朝的时间太短，秦人没能建立起一统天下的文化来。于是天下只剩下两种文化传统，商—楚文化、周—秦文化，前一种即前文所说之楚声，后一种即前文所说之夏声。于是，在中国之内，夏声与楚声并行，呈现出两种文化的面貌。

至汉代，夏声与楚声重新汇合在一起。我们今天所说的汉民族，是刘邦所建立的朝代为我们留下的民族称谓，千年以来，不再改变。但在文化上，汉文化则可以分为两期，第一期从刘邦到刘彻，崇尚楚声，因为汉朝的皇帝本是楚人，歌舞当然也是楚声，尊崇的是楚地盛行的道家学派；第二期是从刘彻以下，董仲舒提出独尊儒术以后，汉在学术上、思想上又以儒家为尊，推崇周—秦文化为其正统，所以夏声也重新受到提倡。但在文化上，楚声则一直被延续到了汉王朝末年。其最盛的时期，正是刘彻一朝。在武帝治下，《离骚》被奉为经书，使淮南王刘安作传，并产生汉赋。

赋作为一种文体，最初见于荀况。荀子曾经作为楚国的两任兰陵令，虽然他的赋并不完全遵从楚辞的方法，但字里行间却充满了楚国的文学特色，仍然脱离不了楚声的范畴。司马相如在此基础上极大发明，受到了汉武帝很大的赞许，于是成为一个基调，又有枚乘、邹阳等推波助澜，于是赋遂成为汉王朝的主要文体，这也就使楚声在终汉一朝不被毁灭。

刘彻是一个综合思想、承上启下的人，一方面继承祖辈的商—楚文化，另一方面又为周—秦文化提供了永不磨灭的基石。我们今天所说的汉文化，正是以刘彻开拓出来的周秦文化为正朔，以商楚文化为文艺模式的。至此，楚声与夏声合而为汉声，后来的律诗也是在汉声的基础上发展起来的。

当魏代汉，诗歌又发生了变化。曹操以四字为句，文风很宗《诗经》，兼有五言的句子，但五言诗同样是以《诗经》为传统。曹植也颇喜好五言的诗歌。唯独曹丕仍用楚声，他的诗作里很喜欢以三字作为断句，他的《燕歌行》也被后世奉为早期七言诗歌的经典之作，所以他在文学风格上似乎与汉室一脉相承。而在政治见解上，他似乎更趋近东汉，接纳陈群的"九品中正制"，而不是他父亲的使用寒微之辈，主张"唯才是举"。所以曹操最初想立曹植为世子，道理可能正在此处。但曹丕最终胜出，其中原因，值得玩味。

八、《吕氏春秋》成书考略

《史记·吕不韦列传》记载《吕氏春秋》的作书缘起与成书过程："秦王年少……当是时，魏有信陵君，楚有春申君，赵有平原君，齐有孟尝君，皆下士喜宾客以相倾。吕不韦以秦之强，羞不如……乃使其客人人著所闻，集论以为八览、六论、十二纪，二十余万言。以为备天地万物古今之事，号曰《吕氏春秋》。布咸阳市门，悬千金其上，延诸侯游士宾客有能增损一字者予千金。"这段话的意思是很清楚的，大抵是说，当时秦国政治军事强大，唯文化不足，吕不韦作为相国，召集天下有识之士成为门客，厚待他们，使他们著书立说，这部书能备古今之事，天文地理无所不包，这就是《吕氏春秋》。

这段话里至少给我们提供了这样几个信息：第一，《吕氏春秋》的成书时间应该在秦王嬴政的初年（"当是时"的说法，大概是秦王嬴政刚刚即位，大约元年或二年。又因为此事之后，又是准确的秦王嬴政七年的记录，所以至少可以判定此书的写作肯定不会迟于嬴政七年），那个时候吕不韦的势力正盛，秦国政治军事势力正强。第二，当时秦国的文化匮乏，《吕氏春秋》的出现是为了解决秦国的思想文化需要。第三，《吕氏春秋》包括八览、六论、十二纪，共二十余万言，这跟我们今天所能看到的《吕氏春秋》存目相同，包含天文地理各个方面。所以我猜测，以吕不韦相国的身份，作这本书恐怕还有给秦国未来的方向做出指导的意思，融天下的思想于一炉，给未来的社会以导向——这就比后来李斯提出的"别白黑而定一尊"好。因为融是融合，定是弃置；融是贯通，定是偏废；融是百家之说共存，定是一家之言独有；融还能有民主的可能，定就必然是专制的开始。

但在司马迁的另一部作品《报任安书》中，司马迁赫然又写道："不韦迁蜀，世传《吕览》。"而我们又知道，在《史记》里，又分明记载，在《吕氏春秋》写作完成近十年后，嫪毐事发，秦王嬴政免相国吕不韦。茅焦游说秦王，秦王于是令文信侯出京赶赴河南封地。有过一年多，派使者斥责吕不韦，并令他迁往蜀地，吕不韦想到自己受到这样的侮辱，也担心被杀，于是自己饮毒酒而死。根据这条记载我们知道，吕不韦根本没有去过蜀地就已自行了断。所以他根本没有在蜀地作《吕氏春秋》的可能。但同时《秦始皇本纪》里却又是另一种说法："十二年，文信侯不韦死，窃葬。"则又好像吕不韦确实到过蜀地，而且是自然死亡。对此，司马迁没有给出任何解释，但却又在《报任安书》中言之凿凿"不韦迁蜀，世传《吕览》"，好像《史记》不是他写的，自己也从来没有看过《秦始皇本纪》和《吕不韦列传》一样，实在令人惊异。

比较两种说法，《史记》的说法在时间和逻辑上更清楚，而《报任安书》中只是简单地一笔带过，友人书信之间往来并不需要严谨的考证，但我们仍不能据此断言《史记》为正而《报任安书》为非。在《吕氏春秋·十二纪》的最后一章，名曰《序意》，其中有："维秦八年，岁在涒滩，秋甲子朔。朔之日，良人请问十二纪"等语，于是有人（比如高诱注）判断这书作于秦王嬴政八年，但清朝的孙星衍认为是秦王嬴政六年，"考庄襄王灭国后二年癸丑岁至始皇六年，共八年，适得庚申岁，申为'涒滩'，吕不韦指谓是年。高诱注误以秦始皇即位八年，则当云'大渊献'也。"朱星先生认为秦国用颛顼历"可能很早（秦孝公时）"（朱星：《古代文化基本知识》），如果按照颛顼历，秦八年，则又是秦王嬴政七年。但是我认为高诱的注也好，孙星衍的考证也好，朱星先生的历法解释也好，都不能说明任何问题。因为《吕氏春秋》的这段话本身，只是说明在"秦八年"（不管是嬴政六年还是嬴政八年）这本书在写作当中，并不能证明这本书刚刚开始写作，甚至不能证明《八览》开始写作的时间。因为我们没有理由证明《八览》的写作晚于《十二纪》。甚至按照孙志楫先生《吕氏春秋剖记》的说法："十二纪之当居末者，以古人著书，序皆居后①，今十二纪有《序意》一篇，故知之也。"而《吕氏春秋》之所以又被称为《吕览》则又可以证明这部书的最初一章极有可能就是《八览》。所以《八览》有可能是最先写作，《十二纪》反而是最后完成，也因此说《序意》的时间也就不是作品开始的时间，而是结束的时间。

这种思路相对合理，孙星衍关于"秦八年"是秦王嬴政六年的说法考证颇详，令人信服。所以我认为《吕氏春秋》应该是开始作于秦王嬴政二年左右，约完成于秦王嬴政六年，这样也正可以与《吕不韦列传》中下文的"始皇七年"对应起来。至于司马迁《报任安书》中的那一句话，我觉得也应该对应下文来看。下文接着说"韩非囚秦，《说难》《孤愤》"。而按照《史记》的说法，则又是"非见韩之削弱，数以书谏韩王……故作《孤愤》……《说难》十余万言。"所以司马迁没说"不韦迁蜀，乃著《吕览》"，也没说"韩非囚秦，而为《孤愤》"，而是一个用了"世传"，另一个干脆省略。故"不韦迁蜀，世传《吕览》"的意思，应该是"不韦迁蜀，世惜其遇，而传《吕览》"。这样，三者之间的矛盾就得到了解决。

---

① 如司马迁《史记》中《太史公自序》，《汉书》中的《叙传》等。

九、《指物论》白话释义

《指物论》原文

物莫非指，而指非指。

天下无指，物无可以谓物。非指者天下，而物可谓指乎？

指也者，天下之所无也；物也者，天下之所有也。以天下之所有，为天下之所无，未可。

天下无指，而物不可谓指也。不可谓指者，非指也？非指者，物莫非指也。

天下无指而物不可谓指者，非有非指也。非有非指者，物莫非指也。物莫非指者，而指非指也。

天下无指者，生于物之各有名，不为指也。不为指而谓之指，是无部为指。以有不为指之无不为指，未可。

以"指者天下之所无"。天下无指者，物不可谓无指也；不可谓无指者。非有非指也；非有非指者，物莫非指、指非非指也，指与物非指也。

使天下无物指，谁径谓非指？天下无物，谁径谓指？天下有指无物指，谁径谓非指、径谓无物非指？

且夫指固自为非指，奚待于物而乃与为指？

你不能吃掉一只完整的鸡，即使你可以将它所有的部分都吃完。但你所吃掉的，只是属于这个鸡的部分，而不是整体。虽然整体由部分组成，但所有的部分之和并不等于整体本身。整体之所以为整体，除了部分之和以外，还有整体之所以为整体的道理。前者可以称为"指"，而后者才是真正的"物"，指是可以具体的，但物只能够是一种意念和一种道理。

所以公孙龙说：鸡有三条腿。但这里的鸡是指活鸡而言。死鸡和木鸡不在此列。盖因活鸡与死鸡、木鸡在腿的外在数量上相同，都是二只，所以称为"数足二"；而活鸡的腿不同于死鸡的腿、木鸡的腿，因为它能够尽腿的功用，有腿之所以为腿的道理，所以称为"神足一"。

——这里千万请注意：不要用自然科学的方法证明活鸡可以有活动的大脑可以控制双足之类，因为哲学、逻辑学或中国名学都是作为一种意识的研究，本身就与自然科学不同。自然科学只对物理的东西感兴趣，研究的是部分，也就是指；而哲学、逻辑学或者中国名学都是对道理的东西感兴趣，研究的是整体之为整体，也就是物。用研究指的方式来判断物，所获得的结论自然也不是科学而正确的结论。

我们之所以强调"神足"或者道理，不但因为于部分之外相信有贯穿整体的力量，而且同样因为在整体之内，我们相信个体之所以为个体的价值。还以刚才那只鸡为例。活鸡与木鸡不同，在于它有鸡之所以为鸡的道理，这是有别于猫之所以为猫、狗之所以为狗的。而从鸡的内部来看，此之鸡有异于彼之鸡，也是因为此有此的道理，彼有彼的道理。同样是鸡之所以为鸡，这就是大同。而此有异于彼，这就是小同。"大同而与小同异，此之谓小同异。"但反过来说，此有异于彼，但鸡所以为鸡相同。鸡有异于狗，但鸡与狗所为生物相同。如此看来，万物应有异性，但也同样具有共性。有共性就有共之所以为共者。如此看来，则"万物毕同毕异，此之谓大同异"。

大同异和小同异相同也不同，判断的方法就要看所属种的级别。以马举例，首先其为生物，其次为动物，其次为马，其次为白马，其次为楚国白马等。但要分辨其类，一定要说清在哪个层面上，是白马就是白马，是马就是马，"求马，黄、黑马皆可致；求白马，黄、黑马不可致"，这是不能以整体的大同而掩盖了个体的小同。

但说天下无马同样是不可以的。因为白马不能离开马这个属类而单独存在，但白马又不是单独的马。这个逻辑似乎令人费解。但换一种说法，便能使逻辑清晰起来，即物不能离开指而存在，但指却不是物的本身。若"天下无指，物无可以谓物"。

这个矛盾之所以产生，是因为物质本身就具有确定和不确定性的双重矛盾。所以当我们想要描述一个物体的时候，需要给它一个名，但这个名只能描述它的一些特点，这个特点是在大同异的基础上进行总结和概况的。它只能"物以物其所物而不过焉"，但作为物体本身却是超过这个定名的。要想找到具体的物体，就必须在定名之外找到物体有别于其他的特点。而这些特点，恐怕又需要借助其他的概念（或曰名）来描述。但这种组合的概念并不是原始的概念本身，这也就是名实的矛盾。

假使两个概念组合，一在于左，一在于右。左右可称为二，左、右可分别称为一。二不是一——它既不是左，也不是右。反过来说，左也不是二，右也不是二。但左右相合就可以成为二，这是因为发生了实质之变化。按照一般的逻辑，既然产生了变化，左就不再是左，右也不再是右。但实际上，左之独立同样是左，右之独立同样是右。但左右共同存在时就有别于左右。话有些抽象了，但真正的意思是，白色羽毛的白与白雪之白是不同的，正如犬之性与牛之性不同，而牛之性又与人之性不同，道理是一样的。

所以，应厘清概念与概念、概念与差别——中国的名学观念与西方逻辑之不同，恰恰在于此处。

十、杞人忧天与中国天文学

《列子·天瑞》：杞国有人忧天地崩坠，身亡所寄，废寝食者。又有忧彼之所忧者，因往晓之，曰："天，积气耳，亡处亡气。若屈伸呼吸，终日在天中行止，奈何忧崩坠乎？"其人曰："天果积气，日、月、星宿，不当坠耶？"晓之者曰："日、月、星宿，亦积气中之有光耀者，只使坠，亦不能有所中伤。"其人曰："奈地坏何？"晓之者曰："地，积块耳，充塞四虚，无处无块。若躇步跐蹈，终日在地上行止，奈何忧其坏？"其人舍然大喜，晓之者亦舍然大喜。

后世用"杞人忧天"这个词来指代那些完全不必要的忧虑。但事实上，《列子·天瑞》一篇是用哲学的角度解释自然和社会的种种现象，这段文字也并没有嘲笑杞人的意思。之所以将忧天之人的国籍定为杞国，乃是在周朝诸侯国中唯有杞国是夏后大禹之后。夏朝灭亡后，继嗣的商王朝把夏朝的后裔封到杞国。商王朝实行内外服制，是以内外服的名义来规划血缘部落，而在部落之间则是以武力来定统治权的。杞国作为一个小国，武力不如商王朝，所以注定了它所得到的分封并不稳定，"或封或绝"。（《史记·陈杞世家》）到了周王朝时期，杞国又先后受到宋国、淮夷、徐国等势力的攻打，无法在封地河南立足，只得暂到山东滕县的邾国，再迁新泰，迁缘陵，迁淳于。但不管怎样迁徙，杞国改变不了自己弱小的事实，经常受到鲁国的侵犯。这样一个国小多乱的国家，他的臣民势必会产生一种忧患意识。再加之古代天文学知识的缺失，对于天塌地陷的忧虑，对杞人来说原无可厚非。

但这种忧患意识只是《列子》一书预制的前提，其主要目的是通过这种忧患渗透给我们其天文观念。按照劝导者的话说，天不过是气体，地不过是土石。这是中国古代最基本的天地观念。按《五运历年纪》的说法："天地浑沌如鸡子，盘古生其中。万八千岁，天地开辟，阳清为天，阴浊为地。"古代有这样一种阴阳观，认为天为至阳，名之为乾；地为至阴，名之为坤。阳者活跃而向上，阴者静止而在下。活动而向上者为气，精致而在下者为土石。中国的古人相信，天地原本是混合在一起的，称之曰"混沌"。但正如一杯均匀的含土的水，静止之后，水在上，土在下。在上者清，在下者浊；在上者动，在下者宁。有一种恒常正确的道理使之安定，这也就是老子说的"天得一以清，地得一以宁"的道理。

所以我觉得，中国古代，尤其在先秦时期的天文学，是一种关乎天文的哲学。这种哲学观念的确定，是中国古代天文学的一个基础。

在这种哲学观念的引导下，宣夜说的产生是必然的。我们知道，在宣夜说之前，中国古代有盖天说和浑天说，盖天说是中国最古老的讨论天地结构的体系。所谓"盖天说"，简而言之，分成两个发展阶段，第一个阶段人们认为，"天员（圆）如张盖，地方如棋局"，就是说天如同一个圆盖覆在方如棋盘的大地上。但方圆之间无法吻合是无可辩争的事实。于是又有了第二阶段，认为："天似盖笠，地法覆盘"，就是说天像圆形的斗笠，地像扣着的盘子。这样就可以衔接了。盖天文学家还认为，太阳在天盖上的周日运动一年中有七条道路，曰"七衡"。最内一道为"内衡"，为夏至日太阳的行径；最外一圈曰"外衡"，是冬至日太阳的路径；其他节气之中，太阳沿其他的五道运行。

浑天说我们不能知道他的起源，但大概知道其起源于战国时期。汉代张衡制作浑天仪，稍后之人作《张衡浑仪注》。浑天说认为："浑天如鸡子，天体圆如弹丸。地如鸡子中黄，孤居于内，天大地小。……天之包地如壳之裹黄。"

但无论盖天或浑天说，无不把天看作一个坚硬的球壳，日月星辰都是固定在这个球壳上。因此有《淮南子·天文训》的记载说："昔者共工与颛顼争为帝，怒而触不周山，天柱折，地维绝。天倾西北，故日月星辰移焉；地不满东南，故水潦尘埃归焉。"认为日月星辰原本就应该是固定在天上，共工怒撞不周山才使其发生移动。

宣夜说与这些看法不同，认为宇宙是无限的，认为天是气体的充盈，所有天体也是气体，也都在气体中漂浮运动。这样一个说法，在今天看来，实在是相较于盖天说和浑天说而言，要相对科学的。但在当时，不能以科学的手段来证明，那么宣夜说只不过一种人文思考下的哲学冥想。当然也只有哲学意义而缺乏科学的精神。故宣夜说之成是因为哲学，败也因其哲学。

这就又涉及科学与哲学的关系。哲学和科学都是探究本质的学问，但科学是经验的，是对过去知识的总结和对于现象的归纳，通过这样的总结归纳得出本质的概念；而哲学是先验的，是通过现象的探究达到对本质的认知。所以科学客观，哲学主观；科学后视，哲学前瞻；科学重视于术的正确，哲学重视于道的依存。而这又并非绝对：因为科学客观也需要主观的思考，小心地求证也需要大胆的猜测。哲学主观也需要客观的现象，主观的冥想也需要依附客观的现实。科学后视，但科学要发展，所以势必要向前行进；哲学前瞻，但哲学也需要与传统相承，所以势必要对过去总结。科学重视于术的正确，但没有道，就失去了最基本的精神；哲学重视于道的依存，但没有术，就没有了最现实的依托。所以科学和哲学表面想法，实则渗透。我们的期待，就是哲学和科学能够相互结合创造出人类最高等的智慧。

附录 先秦诸子列表

前言

凡欲治一时之学，必先通一时之史。凡欲通一时之史，必得一时之纵横。然则一时之内，贤人并立；异世之间，英雄相因，并时异世，年差不明。故太史公出，首创十表，序之列之，后世学人遂得目录精要，条理人物，功莫大焉。郑渔仲曰："《史记》一书，功在十表，犹衣裳之有冠冕，水木之有本源。"柏杨狱中三史，表居其二；太炎《通史略例》，五表第一。故表者，史家之经纬，学人之目察，不可不尽其功而事之也。

夫子部之书，于今有之。然则论其道术，则尽导源于先秦，故诸子之书皆称为元典。而论其行迹，则有钱宾四《先秦诸子系年同表》，论其人数、存目、分别，则无一表以系之。或众家之遗忘，或未屑于雕虫。

后生不才，敢法先贤，做《先秦诸子列表》一章，分为凡例、正表、结论三部。比义《汉书》《隋书》《四库》《百子》，上求诸子源流，下列古今存目。若有失舛，祈望方家正之。

凡例

一、本表所依照史籍，为《汉书·艺文志》《隋书·经籍志》《四库全书总目》及《百子全书》书目。

一、凡本表所列，省《汉书·艺文志》为《艺文志》，《隋书·经籍志》为《经籍志》，《四库全书总目》为《总目》。《百子全书》称其本名。

一、周秦人物，称呼之方式甚多。有称姓者，如孔丘为孔子；有称其字者，如卜商为子夏；有兼称姓名者，如韩非为韩非子；有形其状者，如李耳为老子；有称封地者，如姬鞅为商鞅；有称身份者，如公孙鞅；有称其职务者，如关尹；有称地域者，如公输盘为鲁班；有称谥号者，如公孙轩辕为黄帝；有兼称地域谥号者，如展禽为柳下惠；有称其绰号者，如展跖为盗跖。凡本表所列，若名字可考者，皆称其本名。若不可考，则从《艺文志》。

一、本表以典籍为主。所列诸子，止计史籍之中有著作存目者。其他诸子，若颜回、卜商、杨朱、宋钘，虽有大学广众，以其无著述，故不在统计之列。

一、本表典籍，以《艺文志》中诸子、兵书二略为主，兼考以《经籍志》及《总目》子部。然汉以《论语》为典，隋以《论》《孟》为经。周秦诸子无有孔子，不可。故增六艺略之《论语》。又近世研究者又以屈原等为诸子一部，言论其思想贡献，故增诗赋略中辞赋之部四人五部。至于六艺略，则自有其系统；术数、方技二略，今书多不存，且多失作者，难知其貌，与近世研究百家者无涉，故舍之。

　　一、本表典籍，至汉后而注释、集、疏者甚多。凡一著作，或有多本共行于世。本表列其篇目，取同舍异。若诸本抵牾，则取其首记载者。

《汉书·艺文志》存目情况一览表

门派	作者	作品名称	《艺文志》存目情况
儒家	孔丘	古文《论语》	二十一篇
		齐《论语》	二十二篇
		鲁《论语》	二十篇
	晏婴	《晏子》	八篇
	孔伋	《子思》	二十三篇
	曾参	《曾子》	十八篇
	漆雕开	《漆雕子》	十三篇
	宓不齐	《宓子》	十六篇
	景子	《景子》	三篇
	世硕	《世子》	二十一篇
		《魏文侯》	六篇
	李克	《李克》	七篇
	公孙尼	《公孙尼子》	二十八篇
	孟轲	《孟子》	十一篇
	荀况	《孙卿子》	三十三篇
	芈婴	《芈子》	十八篇
		《内业》	十五篇
		《周史六弢》	六篇
		《周政》	六篇
		《周法》	九篇
		《河间周制》	十八篇
		《谰言》	十篇
		《功议》	四篇
	甯越	《甯越》	一篇
	王孙子	《王孙子》	一篇
	公孙固	《公孙固》	一篇（十八章）
		《李氏春秋》	二篇

续表

门派	作者	作品名称	《艺文志》存目情况
儒家	羊子	《羊子》	四篇（百章）
	董无心	《董子》	一篇
	侔子	《侔子》	一篇
	徐子	《徐子》	四十二篇
	鲁仲连	《鲁仲连子》	十四篇
	虞卿	《虞氏春秋》	十五篇
道家	伊尹	《伊尹》	五十一篇
	吕望	《太公》	二百三十七篇
	辛甲	《辛甲》	二十九篇
	鬻熊	《鬻子》	二十二篇
	管夷吾	《管子》	八十六篇
	李耳	《老子邻氏经传》	四篇
		《老子傅氏经说》	三十七篇
		《老子徐氏经说》	六篇
		《说老子》	四篇
	文子	《文子》	九篇
	蜎渊	《蜎子》	十三篇
	关尹子	《关尹子》	九篇
	庄周	《庄子》	五十二篇
	列圄寇	《列子》	八篇
	老成子	《老成子》	十八篇
	长卢子	《长卢子》	九篇
	王狄子	《王狄子》	十八篇
	魏牟	《公子牟》	四篇
	田骈	《田子》	二十五篇
	老莱子	《老莱子》	十六篇
	黔娄	《黔娄子》	四篇
	宫孙子	《宫孙子》	二篇
	鹖冠子	《鹖冠子》	一篇
		《周训》	十四篇

续表

门派	作者	作品名称	《艺文志》存目情况
道家		《黄帝四经》	四篇
		《黄帝铭》	六篇
		《黄帝君臣》	十篇
		《杂黄帝》	五十八篇
		《力牧》	二十二篇
	［孙休］（疑）	《孙子》	十六篇
		《郑长者》	一篇
阴阳家		《宋司星子韦》	三篇
		《公檮生终始》	十四篇
		《公孙发》	二十二篇
	邹衍	《邹子》	四十九篇
		《邹子终始》	五十六篇
	（乘丘子）	《乘丘子》	五篇
		《杜文公》	五篇
		《黄帝泰素》	二十篇
	南公	《南公》	三十一篇
		《容成子》	十四篇
	邹奭	《邹奭子》	十二篇
	闾丘快	《闾丘子》	十三篇
	冯促	《冯促》	十三篇
	将钜子	《将钜子》	五篇
	周伯	《周伯》	十一篇
法家	李悝	《李子》	三十二篇
	姬鞅	《商君》	二十九篇
	申不害	《申子》	六篇
	（处子）	《处子》	九篇
	慎到	《慎子》	四十二篇
	韩非	《韩子》	五十五篇
	（游棣）	《游棣子》	一篇
名家	邓析	《邓析》	二篇

续表

门派	作者	作品名称	《艺文志》存目情况
名家	尹文	《尹文子》	一篇
	公孙龙	《公孙龙子》	十四篇
	成公生	《成公生》	五篇
	惠施	《惠子》	一篇
	黄疵	《黄公》	四篇
	毛公	《毛公》	九篇
墨家	尹佚	《尹佚》	二篇
	田俅	《田俅子》	三篇
	我子	《我子》	一篇
	随巢子	《随巢子》	六篇
	胡非子	《胡非子》	三篇
	墨翟	《墨子》	七十一篇
纵横家	苏秦	《苏子》	三十一篇
	张仪	《张子》	十篇
	庞煖	《庞煖》	二篇
	阙子	《阙子》	一篇
	国筮子	《国筮子》	十七篇
		《零陵信令》	一篇
杂家	孔甲（托名）	《盘盂》	二十六篇
	姒文命（托名）	《大禹》	三十七篇
	伍员	《五子胥》	八篇
	尉缭	《尉缭》	二十九篇
	子晚	《子晚子》	三十五篇
	由余	《由余》	三篇
	尸佼	《尸子》	二十篇
	吕不韦	《吕氏春秋》	二十六篇
农家		《神农》	二十篇
		《野老》	十七篇
	［计然］（疑）	《宰氏》	十七篇
小说家	伊尹（托名）	《伊尹说》	二十七篇

续表

门派		作者	作品名称	《艺文志》存目情况
小说家			《鬻子说》	十九篇
			《周考》	七十六篇
		（青史子）	《青史子》	五十七篇
		师旷（托名）	《师旷》	六篇
		务成子	《务成子》	十一篇
		宋钘	《宋子》	十八篇
		子大乙（托名）	《天乙》	三篇
			《黄帝说》	四十篇
辞赋家		屈原	《屈原赋》	二十五篇
		唐勒	《唐勒赋》	四篇
		宋玉	《宋玉赋》	十六篇
		荀况	《孙卿赋》	十篇
			秦时杂赋	九篇
兵家	权谋	田穰苴	《军礼司马法》	一百五十五篇
		孙武	《吴孙子兵法》	八十二篇（图九卷）
		孙膑	《齐孙子》	八十九篇（图四卷）
		姬鞅	《公孙鞅》	二十七篇
		吴起	《吴起》	四十八篇
		范蠡	《范蠡》	二篇
		文种	《大夫种》	二篇
			《李子》	十篇
			《娷》	一篇
			《兵春秋》	一篇
		庞煖	《庞煖》	三篇
		兒良	《兒良》	一篇
	形势		《楚兵法》	七篇（图四卷）
			《蚩尤》	二篇
		孙轸	《孙轸》	五篇（图二卷）
			《繇叙》	二篇
			《王孙》	十六篇（图五卷）

门派		作者	作品名称	《艺文志》存目情况
兵家	形势	尉缭	《尉缭》	三十一篇
		魏无忌	《魏公子》	二十一篇（图十卷）
			《景子》	十三篇
	阴阳		《太壹兵法》	一篇
			《天一兵法》	三十五篇
			《神农兵法》	一篇
			《黄帝》	十六篇
		封胡（托名）	《封胡》	五篇
		风后（托名）	《风后》	十三篇
		力牧（托名）	《力牧》	十五篇
		（鵊冶子）	《鵊冶子》	一篇（图一卷）
		鬼容区（托名）	《鬼容区》	三篇（图一卷）
			《地典》	六篇
			《孟子》	一篇
			《东父》	三十一篇
		师旷	《师旷》	八篇
		苌弘	《苌弘》	十五篇
		别成子	《别成子·望军气》	六篇（图三卷）
			《辟兵·威胜方》	七十篇
	技巧	鲍子	《鲍子兵法》	十篇（图一卷）
		伍员	《五子胥》	十篇（图一卷）
		公胜子	《公胜子》	五篇
		苗子	《苗子》	五篇（图一卷）
		逢蒙	《逢门射法》	二篇

《隋书·经籍志》存目情况一览表

门派	作者	作品名称	《经籍志》存目情况
儒家	孔丘	古文《论语》	十卷（已佚）
		今文《论语》	十卷
	孔伋	《子思子》	二卷
	曾参	《曾子》	二卷（目一卷）
	公孙尼	《公孙尼子》	一卷
	孟轲	《孟子》	七卷
	荀况	《孙卿子》	十二卷
	王孙子	《王孙子》	一卷（已佚）
	董无心	《董子》	一卷
	鲁仲连	《鲁仲连子》	五卷（录一卷）
道家	鬻熊	《鬻子》	一卷
	李耳	《道德经》	二卷
	庄周	《庄子》	二十卷
	列圄寇	《列子》	八卷
	鹖冠子	《鹖冠子》	三卷
法家	晏婴	《晏子春秋》	七卷
	管夷吾	《管子》	十九卷
	姬鞅	《商君书》	五卷
	慎到	《慎子》	十卷
	韩非	《韩子》	二十卷（目一卷）
名家	邓析	《邓析》	一卷
	尹文	《尹文子》	二卷
墨家	田俅	《田俅子》	一卷（已佚）
	随巢子	《随巢子》	一卷
	胡非子	《胡非子》	一卷
	墨翟	《墨子》	十五卷（目一卷）
纵横家	鬼谷子	《鬼谷子》	三卷

续表

门派	作者	作品名称	《经籍志》存目情况
杂家	尉缭	《尉缭》	五卷
	尸佼	《尸子》	二十卷
	吕不韦	《吕氏春秋》	二十六卷
小说家	姬丹	《燕丹子》	一卷
	（青史子）	《青史子》	一卷
	宋玉	《宋玉子》	一卷
辞赋家		《楚辞》	十二卷
	宋玉	《宋玉赋》	三卷
	荀况	《孙卿赋》	一卷（残缺）
兵家	吕望	《太公六韬》	五卷
		《太公阴谋钤录》	一卷
		《太公阴符》	一卷
		《太公金匮》	二卷
		《太公兵法》	二卷
	田穰苴	《司马法》	三卷
	孙武	《孙子兵法》	二卷
	吴起	《吴起兵法》	一卷

《四库全书总目》及《百子全书》存目情况一览表

门派	作者	作品名称	存目情况	
			《四库全书总目》	《百子全书》
儒家	孔丘	《论语》	二十卷	—
	晏婴	《晏子》(《晏子春秋》)	无	八卷
	孟轲	《孟子》	十四卷	—
	荀况	《荀子》	二十卷	三卷
	孔鲋	《孔丛子》	三卷	二卷
道家		《阴符经解》	一卷	一卷
	李耳	《道德经》	二卷	二卷
	关尹子	《关尹子》	一卷	一卷
	庄周	《庄子》	十卷	三卷
	列圄寇	《列子》	八卷	二卷
	鹖冠子	《鹖冠子》	三卷	三卷
法家	管夷吾	《管子》	二十四卷	二十四卷
	姬鞅	《商君》	五卷	五卷
	邓析	《邓析》	一卷	一卷
	慎到	《慎子》	一卷	一卷
	韩非	《韩子》	二十卷	二十卷
杂家	尹文	《尹文子》	一卷	一卷
	公孙龙	《公孙龙子》	三卷	一卷
	墨翟	《墨子》	十五卷	十六卷
	鬼谷子	《鬼谷子》	一卷	一卷
	鹖熊	《鹖子》	一卷	一卷（补一卷）
	计然	《计倪子》	无	一卷
	田仲	《於陵子》	一卷	一卷
	程本	《子华子》	二卷	二卷
	尸佼	《尸子》	无	二卷
	吕不韦	《吕氏春秋》	二十六卷	二十六卷

续表

门派	作者	作品名称	存目情况	
			《四库全书总目》	《百子全书》
小说家	姬丹	《燕丹子》	三卷	三卷
辞赋家		《楚辞》	八卷	—
兵家	吕望	《六韬》	六卷	三卷
	田穰苴	《司马法》	一卷	一卷
	孙武	《孙子兵法》(《孙子》)	一卷	三卷
	吴起	《吴起》	一卷	二卷
	尉缭	《尉缭》	五卷	二卷
	风后	《风后握奇经》	一卷	一卷

今存书目详表（分类按《艺文志》）

门派	作者	作品名称	现存书目
儒家	孔丘	《论语》	二十篇
	晏婴	《晏子春秋》	八篇
	孔伋	《子思子》	有辑本
	曾参	《曾子》	有辑本
	孟轲	《孟子》	七篇
	荀况	《孙卿子》	三十二篇
		《内业》	今存于《管子》
	孔鲋	《孔丛子》	二十三篇
道家	鹖熊	《鹖子》	二卷
	管夷吾	《管子》	七十六篇（十篇存目无书）
	李耳	《道德经》	八十一章
	文子	《文子》	十二篇
	关尹子	《关尹子》	九篇
	庄周	《庄子》	三十三篇
	列圄寇	《列子》	八篇
	鹖冠子	《鹖冠子》	十九篇
		《周训》	有汉简
		《力牧》	有斯坦因残简
法家	姬鞅	《商君》	二十四篇（两篇存目无书，一篇有佚文）
	申不害	《申子》	有辑本
	慎到	《慎子》	五篇
	韩非	《韩子》	五十五篇
名家	邓析	《邓析》	二篇
	尹文	《尹文子》	二篇
	公孙龙	《公孙龙子》	六篇
墨家	随巢子	《随巢子》	有辑本
	墨翟	《墨子》	五十三篇（八篇存目无书）

续表

门派	作者	作品名称	现存书目
纵横家	鬼谷子	《鬼谷子》	十四篇（二篇存目无书）
杂家	尉缭	《尉缭》	二十四篇
	计然	《计倪子》	一卷
	田仲	《於陵子》	一卷
	程本	《子华子》	十篇
	尸佼	《尸子》	有辑本
	吕不韦	《吕氏春秋》	二十六卷（一百五十九篇）
小说家	姬丹	《燕丹子》	三卷
辞赋家		《楚辞》	十七篇
	荀况	《孙卿赋》	今存于《荀子》
兵家	吕望	《太公六韬》	六十篇
		《阴符经解》	一卷
		《太公金匮》	有辑本
		《太公兵法》	有辑本
	田穰苴	《军礼司马法》	一卷
	孙武	《吴孙子兵法》	十三篇
	孙膑	《齐孙子》	十六篇
	吴起	《吴起》	六篇
	范蠡	《范子计然》	四篇
	尉缭	《尉缭》	二卷
	风后	《风后握奇经》	一卷
		《地典》	有汉简
	伍员	《五子胥》	李零疑其今存于《越绝书》

周秦诸子列表（只列著作者）

门派	作者	作品名称	作者具况
儒家	孔丘	《论语》	孔丘，字仲尼，春秋鲁人。
	晏婴	《晏子》	晏婴，谥平仲，春秋时人。
	孔伋	《子思》	孔伋，字子思，春秋时人。孔丘孙。
	曾参	《曾子》	曾参，春秋时人，孔丘弟子。
	漆雕开	《漆雕子》	漆雕开，字子启，春秋时人，孔丘弟子。
	宓不齐	《宓子》	宓不齐，字子贱，春秋时人，孔丘弟子。
	景子	《景子》	作者名字不详。《艺文志》曰："说宓子语，似其弟子。"
	世硕	《世子》	世硕，齐人，七十子（孔丘弟子贤者七十二人，称为"七十子"）弟子。
	李克	《李克》	众谓李克即李悝。《艺文志》谓李克："子夏弟子，为魏文侯相。"又法家："《李子》三十二篇。名悝，相魏文侯，富国强兵。"似非一人。然杂家又有《公孙尼》一篇，必与儒之公孙尼同一也。故此存疑。
	公孙尼	《公孙尼子》	公孙尼，七十子弟子。
	孟轲	《孟子》	孟轲，战国邹人，子思弟子。
	荀况	《孙卿子》	荀况，战国赵人。本名荀卿，避汉宣帝刘询讳。
	芈婴	《芈子》	芈婴，齐人，七十子后学。
	甯越	《甯越》	甯越，中牟人，周威王师。
	王孙子	《王孙子》	王孙子，生平不详。
	公孙固	《公孙固》	公孙固，生平不详。《艺文志》谓："齐闵王失国，问之，固因为陈古今成败也。"大抵与齐愍王同时。
	羊子	《羊子》	作者名字不详，为秦博士。
	董无心	《董子》	董无心，生平不详。
	俟子	《俟子》	俟子，名字、生平不详。
	徐子	《徐子》	徐子，名字不详，宋外黄人。
	鲁仲连	《鲁仲连子》	鲁仲连，战国齐国人。

续表

门派	作者	作品名称	作者具况
儒家	虞卿	《虞氏春秋》	虞卿，战国赵国邯郸人。
	孔鲋	《孔丛子》	孔鲋，战国末年鲁人。孔丘后裔。
道家	伊尹	《伊尹》	伊尹，殷商王朝首任相。
	吕望	《太公》	吕望，即俗谓姜子牙。
	辛甲	《辛甲》	纣臣，七十五谏而去，周封之。
	鬻熊	《鬻子》	鬻熊，为周师，自文王以下问焉，周封为楚祖。
	管夷吾	《管子》	管夷吾，春秋齐国人，即俗谓管仲。
	李耳	《道德经》	李耳，春秋楚国人。
	文子	《文子》	春秋时人，李耳弟子，与孔丘同时。
	蜎渊	《蜎子》	蜎渊，春秋楚人，李耳弟子，或以蜎渊与关尹为一人。
	关尹子	《关尹子》	《艺文志》谓关尹子："名喜，为关吏，老子过关，喜去吏而从之。"按：《史记》："老子修道德，其学以自隐无名为务。居周久之，见周之衰，乃遂去。至关，关令尹喜曰：'子将隐矣，彊为我著书。'"关，当关者也。令尹，官名也。喜，状其欣然，非名也。
	庄周	《庄子》	庄周，战国宋人。
	列圄寇	《列子》	列圄寇，战国人，先庄子。
	老成子	《老成子》	老成子，姓名、生平不详。
	长卢子	《长卢子》	长卢子，姓名不详，楚人。
	王狄子	《王狄子》	王狄子，生平不详。
	魏牟	《公子牟》	魏牟，战国魏国公子，先庄子。
	田骈	《田子》	田骈，战国齐人。
	老莱子	《老莱子》	或以为《老子》为老莱子著，《艺文志》以《老子》为李耳著，《老莱子》为楚人老莱子著，应是。
	黔娄	《黔娄子》	黔娄，战国齐国隐士。
	宫孙子	《宫孙子》	宫孙子，姓名、生平不详。
	鹖冠子	《鹖冠子》	鹖冠子，姓名、生平不详。
	［孙休］（疑）	《孙子》	作者名字不详。李零以《庄子·达生》有孙休一人，疑是。

续表

门派	作者	作品名称	作者具况
阴阳家	邹衍	《邹子》	邹衍，战国齐人。
	（乘丘子）	《乘丘子》	作者不详，战国时书。乘丘子疑为桑丘子之误。
	南公	《南公》	作者名字不详，战国时人。《史记集解》引许广说其为楚人。
	邹奭	《邹奭子》	邹奭，战国齐人。
	闾丘快	《闾丘子》	作者姓名、生平不详，战国时人，在南公之前。
	冯促	《冯促》	冯促，郑人。
	将钜子	《将钜子》	将钜子，战国时人，在南公之前。
	周伯	《周伯》	周伯，战国齐人。
法家	李悝	《李子》	李悝，战国魏文侯相。
	姬鞅	《商君》	作者即俗谓商鞅，春秋卫国人。
	申不害	《申子》	申不害，战国京人。
	（处子）	《处子》	处子，赵人。李零以处子为剧子（剧辛）之误，非。《史记》："赵有处子。"
	慎到	《慎子》	慎到，战国时人，在申不害、韩非之前。
	韩非	《韩子》	韩非，战国韩国人，是韩国的公子。
	（游棣）	《游棣子》	游棣子，姓字均不详。宋邓名世《古今姓氏书辩证》疑其姓游名棣。沈家本《寄簃文存》卷三《法学盛衰说》以其为战国时人，不知何据。
名家	邓析	《邓析》	邓析，春秋郑人，与子产同时。
	尹文	《尹文子》	尹文，战国时人，在公孙龙之前。
	公孙龙	《公孙龙子》	公孙龙，战国赵人。
	成公生	《成公生》	成公生，颜师古注：姓成公，名字、生平不详，与黄疵同时。颜注引刘向云，与李斯同时。
	惠施	《惠子》	惠施，与庄周同时。
	黄疵	《黄公》	黄疵，秦博士。
	毛公	《毛公》	毛公，名字不详。赵人，与公孙龙同时。李零以为即《魏公子列传》之处士。
墨家	尹佚	《尹佚》	尹佚，周臣，在周成王、周康王时代。
	田俅	《田俅子》	田俅，在韩非之前。
	我子	《我子》	我子，姓名、生平不详，颜师古注引刘向《别录》云："为墨子之学。"

续表

门派	作者	作品名称	作者具况
墨家	随巢子	《随巢子》	随巢子，姓名、生平不详，墨翟弟子。
	胡非子	《胡非子》	胡非子，姓名、生平不详，墨翟弟子。
	墨翟	《墨子》	墨翟，春秋宋国大夫，在孔子之后。
纵横家	鬼谷子	《鬼谷子》	鬼谷子，春秋时人，苏秦、张仪之师。
	苏秦	《苏子》	苏秦，战国时周国人。
	张仪	《张子》	张仪，战国时魏国人。
	庞煖	《庞煖》	庞煖，战国时赵国将领。
	阙子	《阙子》	阙子，姓名、生平不详。
	国筮子	《国筮子》	国筮子，姓名、生平不详。
杂家	伍员	《五子胥》	伍员，春秋时齐人。
	尉缭	《尉缭》	尉缭，战国时期人。
	子晚	《子晚子》	子晚，姓名、生平不详，子晚疑为其字。
	由余	《由余》	由余，春秋时人，戎人。
	计然	《计倪子》	计然，春秋时人，早于范蠡。
	田仲	《於陵子》	田仲，又名陈仲，战国齐人。
	程本	《子华子》	程本，春秋时晋人，约孔丘同时稍后。
	尸佼	《尸子》	尸佼，春秋时鲁人。商鞅之师。
	吕不韦	《吕氏春秋》	吕不韦，战国时赵国人，秦相。
农家	[计然]（疑）	《宰氏》	作者不详，不知何世书。李零以为宰氏，或作辛氏，即计然。待考。
小说家	伊尹（托名）	《伊尹说》	作者不详。《艺文志》："其语浅薄，似依托也。"
	姬丹	《燕丹子》	姬丹，战国末燕国太子。
	（青史子）	《青史子》	作者不详。《艺文志》："古史官记事也。"李零以为青史子为晋太史董狐之子。
	务成子	《务成子》	务成子，即务成昭，尧时人。《艺文志》谓此书："称尧问，非古语。"
	宋钘	《宋子》	宋钘，一名宋牼，即宋荣子。思想学说见于《荀子》《庄子》等书。《艺文志》："孙卿道宋子，其言黄老意。"
辞赋家	屈原	《屈原赋》	屈原，战国楚国人。
	唐勒	《唐勒赋》	唐勒，战国楚国人，与宋玉同时。

续表

门派	作者	作品名称	作者具况
辞赋家	宋玉	《宋玉赋》	宋玉，战国楚国人，在屈原后。
	荀况	《孙卿赋》	荀况，战国赵人。
兵家	吕望	《太公六韬》	吕望，即俗谓姜子牙。
	田穰苴	《军礼司马法》	田穰苴，春秋齐国将领。
	孙武	《吴孙子兵法》	孙武，春秋吴国人。
	孙膑	《齐孙子》	孙膑，战国齐国人。
	姬鞅	《公孙鞅》	即俗谓商鞅，春秋卫国人。
	吴起	《吴起》	吴起，春秋卫国人。
	范蠡	《范蠡》	范蠡，春秋越国人。
	文种	《大夫种》	文种，春秋越国人。
	庞煖	《庞煖》	庞煖，战国赵国将领。
	兒良	《兒良》	兒良，生平不详。贾谊《过秦论》以其为战国时人。
	孙轸	《孙轸》	孙轸，春秋晋国将领。《孙膑兵法》言即先轸。
	尉缭	《尉缭》	尉缭，战国时期人。
	魏无忌	《魏公子》	魏无忌，即俗谓信陵君，战国魏公子。
	（鹖冶子）	《鹖冶子》	鹖冶子，姓名、生平不详。
	鬼容区（托名）	《鬼容区》	作者不详。鬼容区，黄帝臣，颜师古注为鬼臾区。《艺文志》以为依托。
	师旷	《师旷》	师旷，春秋晋国人，晋平公臣。
	苌弘	《苌弘》	苌弘，周朝史官。
	别成子	《别成子·望军气》	别成子，姓名、生平不详。
	鲍子	《鲍子兵法》	鲍子，姓名、生平不详。《汉书·艺文志》列其书在《五子胥》前，疑为鲍叔牙。
	伍员	《五子胥》	伍员，春秋时齐人。
	公胜子	《公胜子》	公胜子，姓名、生平不详。春秋时楚国有太子熊胜，后称之白公胜，疑似。
	苗子	《苗子》	苗子，名字、生平不详。
	逢蒙	《逢门射法》	颜师古注：逢门即逢蒙。逢蒙，夏朝人。

结论

（一）

所谓诸子百家，共计 11 门，有著作名世者，删其重复，共 108 人至 112 人。109 人，则以李克、李悝为一人，李耳、老莱子为一人，蜎渊、关尹为一人，以二景子为一人。112 人，则分为二。此尚为有著作者传者。可知古人诸子百家之说，实不我欺也。诸子分门则如下：

儒家：孔丘、晏婴、孔伋、曾参、漆雕开、宓不齐、景子、世硕、李克、公孙尼、孟轲、荀况、芈婴、甯越、王孙子、公孙固、羊子、董无心、俟子、徐子、鲁仲连、虞卿、孔鲋

道家：伊尹、吕望、辛甲、鬻熊、管夷吾、李耳、文子、蜎渊、关尹子、庄周、列圄寇、老成子、长卢子、王狄子、魏牟、田骈、老莱子、黔娄、宫孙子、鹖冠子、孙休（疑）

阴阳家：邹衍、乘丘子、南公、邹奭、闾丘快、冯促、将钜子、周伯

法家：李悝、姬鞅、申不害、处子、慎到、韩非、游棣

名家：邓析、尹文、公孙龙、成公生、惠施、黄疵、毛公

墨家：尹佚、田俅、我子、随巢子、胡非子、墨翟

纵横家：鬼谷子、苏秦、张仪、庞煖、阙子、国筮子

杂家：伍员、尉缭、子晚、由余、计然、田仲、程本、尸佼、吕不韦

农家：计然（疑）

小说家：姬丹、青史子、务成子、宋钘

辞赋家：屈原、唐勒、宋玉、荀况

兵家：吕望、田穰苴、孙武、孙膑、姬鞅、吴起、范蠡、文种、庞煖、儿良、孙轸、尉缭、魏无忌、鹖冶子、师旷、苌弘、别成子、鲍子、伍员、公胜子

（二）

《艺文志》存周秦诸子书 171 种；《经籍志》存书 44 种，其中 3 种存目无书，1 种残缺，实有书 40 种；《四库》存书 32 种，《百子全书》存书 32 种（《百子全书》只入诸子，不入《论语》《孟子》《楚辞》），今存 50 种。今存之中，《力牧》残简只有片字，《五（伍）子胥》为存疑，《曾子》《子思子》为宋汪晫辑本。汪氏所谓辑佚，不过辑理《孝经》《礼记》《大戴》诸书，并非辑理前人文章引用，亦非是曾孔的原文。故今存 50 种，实际上是 46 种。

较之《艺文志》，隋损书 131 种，存世约为原有 23%；四库损书 139 种，存世的约占原来的 19%；《百子全书》损 137 种（不含《论》、《孟》），存世的约为原有 19%（未计算《论》《孟》）；今损 125 种，存世约占原有 27%。

其中，《艺文志》未存而隋后有者，计：《鬼谷子》《燕丹子》《楚辞》（不计《百子全书》）、《六韬》《阴符经》，共 5 种；汉隋未有，而清今有者计：《孔丛子》《於陵子》《子华子》，共 3 种；古之所无，于今有者，计：《计倪子》，共 1 种；隋有其书，今有辑本，于他时未有者，计：《太公金匮》《太公兵法》，共 2 种；隋独有者，计：《太公阴谋钤录》，共 1 种。

后记

得知此书可以出版的时候，我的头脑中突然回想起了一个画面：

2003 年，歌手古巨基回归乐坛，歌曲《必杀技》拿到香港叱咤乐坛男歌手金奖的时候，他在台上哭成泪人，并说"我好中意唱歌啊"……

2001 年，古巨基离开乐坛，接拍了《情深深雨蒙蒙》《还珠格格3》等大红大紫的电视剧，可他依然对歌唱执着。这种情绪曾经莫名地使我感动，他的歌曲也因此陪伴我十多年，直到现在，我也产生了这种情绪。

人总是会中意点什么的，哪怕周遭辗转，哪怕道路曲折。

这本书的出版正是这样。

书里所收的文章，是我大学时期的论文成果，也是我最初的志愿——研究先秦的文学和思想。为了完成这个志愿，我先后两次报考了清华大学中国语言文学专业中国古代文学方向的研究生，但遗憾的是因为种种因素都未能得偿所愿。在考研失败的日子里，就业是一定的，而未来却是待定的，我必须知道自己何去何从，这个问题困扰了我将近两年。

我自幼以来，虽然兴趣发生过转移，学习有过起落，可是有一个一以贯之的信念在我的心中，那就是我必须优秀，且这优秀不是来自他人的评价，而是来自自我的满足。风琴师在给我的序中说我"读书学习并不以考高分为目的"，我自承的确如此。但这并不意味着我的分数不佳，只是在风琴师等许多前辈恩师看来，既然常明是一个优秀的学生，就应该取得优异的成绩。所以在我读书时，取得了97分，拿到9.8个积点，老师们并不以为高，认为这是常明应得的；可是我一旦拿到83分，老师便会来询问，考试中到底发生了什么状况。有一次，我拿到89分，风琴师问我怎么如此低分的时候，我应付道："可是还是拿到一个多积点啊。"恩师摇摇头，说："总之不该是你的成绩。"

我的没心没肺大概是出了名的，但我却骄傲于自己的好心态。两次考研的失败并没有师友们预期的那样给我带来太大的打击，我在困顿几个小时之后，便开始重新出发。

首先我确定了自己的城市，我大学的时候在宁波大学读书，最理想的选择当然是在本地工作，因为环境熟悉，有朋友、老师，而且几年下来经营的人脉也在那里。一旦离开这个地方，就意味着一切都要重新开始，但我几乎没有犹豫，就选择回到北方。因为北方离家更近，更容易让我承担一个养家儿子的责任，男人总该背些什么的。于是我先到长春，再去沈阳，最后来到了北京。

找一份确定的工作是首要任务，于是我到一家栏目公司做视频编目员。尽管薪水菲薄，但却有大量空闲的时间让我想一想自己的志趣和前途。这些问题我一时间没有完全想通，但幸运的是，我想明白了其中最重要的问题，那就是我的志趣。我喜欢以理性的方式思考，学术是我唯一的方向。我继续阅读，大学里我读完整部的《资治通鉴》，并写下二十万字的评论，而在做编目员的时候，我读完了《史记》《续资治通鉴》，书评字数不下三十万。

志趣在此，我想目标也该如此，于是我辞掉了这份工作继续下一份工作的寻找。这次寻找却让我经历了将近半年的迷茫，我经过重新定位、重新寻找来路和归途得到另一个结论——职业和志业是两回事：职业无非是一份工作，既找到一份对得起我的工作，我也必须对得起它，前者体现在工作的薪水，后者体现为我的敬业程度；而志业则是一个人一生的目标，只要不间断、点滴在做，成功不必急于一时。于是我来到了一家有名望的培训机构做历史老师，朝乾夕惕，每一次课都反复捶打，争取对得住我在公司拿到的每一分钱；同时我把握每一寸可能的闲暇时间——吃饭时、如厕时、地铁上，一部《明通鉴》全部读完，也写下了二十余万字的评论。这种生活的状态是我所享受的。

尤其使我感恩的是，在我最为困难的时候，人文在线的编辑老师们能够看中我的这部书稿，并交由中国致公出版社出版。这是一种莫大的荣耀。因为在我这个年纪，用单一题目出版学术专著的人并不少见，但采用多核心、多方向，出版学术论文集的人却不是很多；出版学术论文集的也大有人在，但是在未满三十岁的年纪便出版，以本科的学历出版，出版的是本科时期的论文的却不是很多；当今的作家和研究者很多，但所出版第一本书便是学术论文集的也不是很多。所以，我没有理由不感谢人文在线提供的平台，没有理由不感谢中国致公出版社的欣赏和信任，没有理由不感谢命运对我的恩赐。

还要感谢的是为本书写序的两位作者——恩师凤琴先生和师姊昱雯。杨师凤琴是我大学时最重要的老师，我之所以走上学术的道路，很大程度上来源于恩师的引领和规范。本书内篇中的三篇论文均曾得到过凤琴师的指导，此种恩谊令我至今铭记、感恩。而昱雯姊则是我大学期间最重要的朋友，我的许多学术观点特别是文艺理论上的观点都是与她讨论后而生发的，承蒙赐序，为本书点睛，使敝作大生光彩。

我不知道最终有多少人能够读到本书，也不知道最终有多少人能够把它读完，并看到最后的这些话。因为我知道目前学术书籍的销量如何、境遇怎样，能出版本书已属幸运，我不知道今后还有没有机会再出版此类书籍，尽管眼下我已经积累了不少足够出版的文稿并且今后也将一直不懈地努力将学术的写作继续下去。昱雯姊在序中说期望这书能

"重版出来"，我接受这个祝福，也朝此方向努力，但绝不敢对最终的结果有过多的奢求。

本书的写作意义在于表明我的一种态度，本文的写作意义在于表明我的一种心迹。如果此生能为学术尽力，能作为学术人拼搏，就算没有学位，就算得不到业内认可，只要我在做，做到自己满意就好，我已然心足。林志炫曾约楼南蔚为自己写词说："如果够出色，却不能出头，至少也做到没第二个我。"这同样是我的心声。

我选择在这个年纪出书，当然是为了进行自我的确证。当我尝试提出"艺术四维性"和"译介三段论"等文学理论命题的时候，身边的一些朋友在还没有弄清我究竟在说什么时便进行反驳，并且他们反驳的依据不是在看到我的文章之后，只是在看到这个概念时的一种臆测。我想原因也没有别的，第一是我的年纪不被认为是能够提出成熟理论的时候；第二是曹丕说过的，人都是"贵远而贱近"，作为朋友离这些反对者们太近，往往是盲目反驳的另一个理由。基于人性，我理解他们的心理；但基于理念，我的对于"优秀"的信仰，我必须证明自己。

时不我待，初见凤琴师是在她的才女文学课堂上，记得她的第一堂课便有唐朝诗人刘采春的诗："黄河清有日，白发黑无缘。"我想是的，所以从此开始。

多谢读者！

未来见！

常明

2016 年 6 月 12 日